Kräuterzauber

Rezepte mit Wildkräutern aus Wald, Wiese und Garten

Kräuterzauber

Rezepte mit Wildkräutern aus Wald, Wiese und Garten

Herausgegeben von
Traudi Eberle & Dagmar Schroebler-Beck
© Eberle & Schroebler-Beck GbR
www.kraeuterbluetenzauber.de

Zweite Auflage, überarbeitet und erweitert
Aichach 2015
ISBN 978-3-00-048267-0
Klimaneutral gedruckt mit Biofarben und Ökostrom

Kräuterzauber

Rezepte mit Wildkräutern aus Wald, Wiese und Garten

Einfach zubereitet, frisch, gesund und natürlich

Wildwachsende Kräuter & Pflanzen suchen sich den
besten Standort aus und haben ein Vielfaches an
Vitaminen, Mineralstoffen und heilenden Kräften, im
Gegensatz zu gezüchteten Kräutern und Pflanzen.

Vorwort

Das Buch Kräuterzauber mit Rezepten aus Wald, Wiese und Garten ist nicht nur ein Kochbuch mit verführerischen Rezepten, sondern eine unerschöpfliche Quelle phantasievoller und anregender Ideen. Mit Wildkräutern und Pflanzen zu kochen, die in unserer unmittelbaren Umgebung wachsen und blühen, bereitet Freude und stärkt die Lebensenergie.

Es ist ein Buch, das jedem die Möglichkeit geben soll ein gesundes, reich an Vitaminen und natürlichen Heilkräften und vor allem ein schmackhaftes Essen zu zaubern. Die Rezepte sind leicht und schnell zubereitet, so dass sie auch für den modernen Menschen in unserer schnelllebigen Zeit ansprechend und einfach umzusetzen sind.

Es ist mehr als ein normales Kochbuch, die eigentliche Philosophie des Buches findet sich in der Einfachheit wieder.

„ Es gibt eine Kraft aus der Ewigkeit und diese Kraft ist grün.“

(Hildegard von Bingen)

Einleitung

Als wir begannen uns mit Wildkräutern zu beschäftigen, waren wir fasziniert von dem hohen Anteil an gesundheitsfördernden Inhaltsstoffen der einzelnen Kräuter. Sie haben ein Vielfaches an Vitaminen, Mineralstoffen und heilenden Kräften, im Gegensatz zu gezüchteten Pflanzen.

Wolf-Dieter Storl (Botaniker) ermutigt uns in seinen Büchern, in unserer näheren Umgebung Ausschau nach Heilkräutern zu halten. Denn die Heilkräuter, die gerade am wichtigsten für unser Wohlbefinden benötigt werden, wachsen „vor der eigenen Haustüre".

Interessant ist, dass die Natur tatsächlich immer genau die richtigen Kräuter in unserer Umgebung, in Wald, Wiese und Garten wachsen lässt, die Körper, Geist und Seele wohltun. Manchmal hat man sogar das Gefühl, dass genau diese Pflanzen unsere Aufmerksamkeit auf sich ziehen.

Man lernt wieder, der Natur mit mehr Respekt zu begegnen und mit Dankbarkeit diesen Reichtum anzunehmen.

Dieses Wissen um die Heilkraft der Kräuter und die Rezepte möchten wir an alle Menschen weitergeben, die ihre Küche mit essbaren Wildpflanzen bereichern wollen. Wildpflanzen, die uns die Natur schenkt, für hochwertige und gesunde Mahlzeiten. Zu jeder Zeit bietet uns die Natur ein reichhaltiges Angebot an Kräutern, die uns Energie und Wohlbefinden geben - natürlich in Bioqualität.

Die Wildkräuter, die als Zutaten für unsere Rezepte benötigt werden, können Sie mit allen essbaren Wildpflanzen, je nach Geschmack variieren. Die Rezepte sind für 4 Personen berechnet.

Lassen Sie ihrer Kreativität freien Lauf und haben Sie viel Spaß beim Sammeln und Zubereiten der Kräuter. Kochen mit essbaren Wildkräutern ist leicht umsetzbar im Alltag und gibt der Urverbindung zwischen Mensch und Natur wieder mehr Raum.

Das Rezept - einfach glücklich und gesund leben - eine Anleitung für Jedermann.

„ Alle Wiesen und Matten, alle Berge
und Hügel sind Apotheken"

(Paracelsus)

Sammelhinweise

Wildkräuter aus Wald, Wiese und Garten haben wunderbare Heilkräfte, die den Menschen schon tausende von Jahren bekannt sind.

Leider ist das Wissen um diese Kräuter im Industriezeitalter fast verloren gegangen, deshalb möchten wir dazu ermutigen, sich wieder mit diesen wertvollen Pflanzen zu beschäftigen und kraftspendende Mahlzeiten daraus zu bereiten.

Damit diese Mahlzeiten auch einen positiven Einfluss auf den Körper haben ist es wichtig, dass Wildkräuter im Wald, auf ungespritzen und ungedüngten Wiesen oder im eigenen Garten gesammelt werden. Auf dem Balkon und auf dem Fensterbrett gedeihen Kräuter ebenso hervorragend und sind jederzeit griffbereit.

Die beste Sammelzeit für Blüten ist in der Mittagssonne, da die Blüten zu dieser Zeit ihre größte Kraft entfalten. Das Sammeln von Blättern und Wurzeln wird am Vormittag oder Abend empfohlen. Zu dieser Zeit enthalten die Pflanzen die meisten Nährstoffe.

Wir setzen voraus, dass Sie alle Kräuter nach dem Sammeln erst waschen und dann zubereiten.

Um Verwechslungen beim Sammeln der Wildkräuter auszuschließen ist es vorteilhaft, anfangs ein Bestimmungsbuch mitzunehmen. Am besten fangen Sie mit allgemein bekannten Wildkräutern an, wie Brennnesseln oder Gänseblümchen, die überall in unserer Umgebung zu finden sind.

Tipp: Vitamine und Mineralstoffe bleiben bis ca. 70° C weitgehend erhalten.

Inhalt

Kräuterzauber
Kleines Nachschlagewerk der
Kräuter mit Abbildungen

„ Der Weg der Gesundheit
führt durch die Küche ..."

(Pfarrer Kneipp)

Bärlauch (Allium ursinum) enthält Flavonoide, bis 15% Mineralstoffe, darunter bis zu 3% Kieselsäure, Schleimstoffe, Gerbstoffe, Allantoin und viel Vitamin C, außerdem das anti-oxidativ wirksame Mangan, das sehr gut für den Knochenaufbau ist.

Bärlauch-Butter

Zutaten: gelingt leicht

1-2 Handvoll	Bärlauchblätter, fein geschnitten
125 g	Butter
etwas	Salz

1. Butter leicht erwärmen.
2. Bärlauch darunter mischen und mit Salz abschmecken.
3. In Butterbrotpapier eine Rolle formen und im Kühlschrank fest werden lassen.

Tipp: Als Brotaufstrich oder zu Pellkartoffeln sehr beliebt. Als Hauptmahlzeit kann man warme Bärlauch-Butter auch über Nudeln oder Reis geben und mit geriebenem Käse servieren.
Auf Koteletts, Schnitzel natur oder Rinderbraten ist Bärlauch-Butter ein Genuss.
Vor dem Servieren eine Scheibe gekühlter Bärlauch-Butter auf die heiße Fleischscheibe geben und leicht verlaufen lassen.

Kräuterzauber

Bärlauch-Pesto

Zutaten: gelingt leicht

125 g	Bärlauch, gewaschen und fein geschnitten
30 g	Parmesankäse, fein gerieben
50 g	Pinienkerne, leicht geröstet und fein geschnitten oder
	mit der Nussmühle gemahlen
100 ml	Olivenöl

1. Alle Zutaten in einem hohen Gefäß gut vermischen bis eine cremeartige Konsistenz entsteht.
2. Das Pesto in eine Schüssel oder in ein Glas füllen.
3. Reichlich Olivenöl bis zum oberen Rand des Glases füllen, so dass alle Kräuter gut bedeckt sind. So hält sich das Pesto mehrere Wochen im Kühlschrank.

Als Soße zu Spaghetti, Kartoffeln oder einfach nur aufs Brot.

Tipp: Das Pesto auf dünne Schweineschnitzel streichen, rollen und von allen Seiten in der Pfanne anbraten. Deckel drauf und kurze Zeit garen lassen, bis etwas Soße entsteht. Mit Röstkartoffeln, Reis oder Nudeln servieren.

Gefüllte Bärlauch-Ravioli

Zutaten für den Teig: etwas aufwendiger

500 g	Mehl
½ TL	Salz
4-5	Eier (je nach Größe)
	kleiner Schuss Olivenöl

Zutaten für die Füllung:

ca. 500 g	Bärlauch
300 g	Ricotta
300 g	frisch geriebener Parmesan
3	Eigelb
	Salz, Pfeffer
	Muskat

1. In der Küchenmaschine alle Zutaten für den Teig geschmeidig kneten und eine Viertelstunde abgedeckt ruhen lassen.
2. Den Teig portionsweise dünn ausrollen oder die Nudelmaschine verwenden.

Kräuterzauber

3. Mit einem Glas oder einem Teigformer den Nudelteig ausstechen.

4. Bärlauch fein hacken und mit allen weiteren Zutaten für die Füllung vermengen.

5. Bärlauch-Käse-Masse in die Mitte der ausgestochenen Ravioli geben, Teighälfte darüberfalten und am Rand mit der Gabel festdrücken oder den Teigformer verwenden.

6. Auf einem bemehlten Backblech oder Küchentuch kurz ruhen lassen.

7. Ravioli in kochendes Salzwasser geben und 5-7 Minuten ziehen lassen. Wasser sollte nur noch simmern, nicht mehr kochen.

Tipp: Schmeckt am besten in Buttersoße mit etwas Parmesan.

Bärlauch-Fladen

Zutaten: gelingt leicht

30 g	Bärlauch in Streifen geschnitten
50 g	Käse, gerieben (z.B. Parmesan, Gouda oder Greyerzer, je nach Geschmack)
200 g	Mehl
1 Prise	Salz
5-7 EL	Olivenöl
5 EL	Wasser
1	Ei, verquirlt
2 EL	Olivenöl

1. Bärlauch und Käse in einer Schüssel mischen.
2. In einer anderen Schüssel Mehl und Salz mischen, Olivenöl, Wasser hinzufügen und zu einem festen Teig kneten. Ist der Teig zu bröselig, noch etwas Öl dazugeben, so dass er sich besser verarbeiten lässt.
3. Den Teig in zwei gleich große Stücke teilen, auf einer bemehlten Fläche zu zwei sehr dünnen Fladen ausrollen, einen Fladen mit der Bärlauch-Käse-Mischung belegen, dabei ringsum knapp 1 cm frei lassen. Mit dem Ei den Rand bestreichen, den zweiten Fladen drauflegen und gut andrücken.
4. In einer großen Pfanne mit 2 EL Olivenöl den Fladen von beiden Seiten goldbraun backen.

Schmeckt hervorragend als Beilage zu Gegrilltem oder als Snack zu einem Glas Wein.
Als Hauptmahlzeit serviert man dazu einen gemischten Salat.

Tipp: Der Fladen, wie eine Torte aufgeschnitten, sieht er sehr dekorativ aus.
Falls noch etwas Käse-Bärlauch-Mischung übrig bleibt, kann man diese mit zwei Eiern
vermischen und ein Kräuter-Rührei daraus zubereiten.

Bärlauch-Schupfnudeln

Zutaten: gelingt leicht

500 g	Kartoffeln, gekocht, geschält und durch die Kartoffel- presse gedrückt
150 g	Mehl
1 Handvoll	Bärlauch, klein geschnitten
2 EL	Olivenöl
1 TL	Salz
2	Eier

1. Alle Zutaten vermischen und gut durchkneten.
2. Aus dem Teig eine Rolle formen und in 1 cm dicke Scheiben schneiden. Mit be- mehlten Händen fingerdicke „Röllchen" formen.
3. Im heißem Salzwasser ca. 5 Minuten ziehen lassen, abschöpfen, abschrecken und im Teller mit heißer Butter übergießen.

Tipp: Als Hauptgericht, mit etwas heißer Butter übergießen oder auch mit gebrate- nem Speck und Zwiebeln in einer Pfanne vermischen.

Die Brennnessel (Urtica dioica) gilt als wahre Stoffwechselpflanze und regt Magen, Darm und die Bauchspeicheldrüse an. Brennnesseln enthalten u. a. reichlich Eisen, Vitamin C, Vitamin A, B-Vitamine, Vitamin E, Kalzium, Magnesium, Kieselsäure, Spurenelemente, Chlorophyll, Carotinoide, Flavonoide.

Crostini mit Brennnesseln

Zutaten: gelingt leicht

1	Baguette oder Brot in Scheiben geschnitten
1 Handvoll	Brennnesselspitzen (auch mit Bärlauch, Giersch, Sauerampfer oder Löwenzahn sehr gut)
125 g	Frischkäse
etwas	Olivenöl
1 Handvoll	Blüten (z.B. Veilchen, Schlüssel- blumen, Gänseblümchen)
etwas	Salz

1. Kräuter fein schneiden und in Öl anbraten.
2. Baguette oder Brotscheiben im Backofen rösten.
3. Frischkäse mit Salz würzen, auf die gerösteten Baguettescheiben streichen, mit den Kräutern belegen und mit den Blüten verzieren.

Brennende Liebe (Nocken, Reiberdatschi, Püree, Suppeneinlage)

Zutaten:

2 Handvoll	Brennnesseln, klein geschnitten
½	Zwiebel, klein geschnitten
3	mittelgroße gekochte Kartoffeln, durch die Kartoffelpresse gedrückt
1	Ei
75 g	Mehl
1 TL	Salz
	Butter
	Parmesan, gerieben

1. Brennnesseln und Zwiebel in wenig Wasser dünsten.
2. Kartoffeln, Ei, Mehl und Salz hinzufügen (je mehr Mehl, desto fester werden die Nocken).
3. Mit zwei Teelöffeln Nocken formen und im Salzwasser kurz kochen, dann 5 Minuten ziehen lassen und abseihen.

Nocken mit etwas heißer Butter übergießen und mit Parmesan servieren.

Wichtig: Was man alles falsch machen kann, bzw. was ich alles falsch gemacht habe und was daraus gezaubert werden kann:

Sollte der Teig etwas grober sein, zerfallen die Nocken im Wasser. Dann kann der Teig auch wie Reiberdatschi in Butter oder Öl gebraten werden. Schmeckt sehr lecker mit einem Quark-Dip oder als Beilage zu Naturschnitzel.

Ist der Teig püriert und zu locker für Nocken, kann man sie in einer Gemüsebrühe kurz kochen und ziehen lassen bis sie oben schwimmen.
Somit hat man eine gute und stärkende Suppe mit Kartoffelnocken als Einlage.
Dazu ein kräftiges Bauernbrot mit Butter – an kalten Tagen ein Genuss.

Die Zutaten, ohne Ei püriert, ergeben ein wundervolles Kräuter-Püree,
das als Beilage zu Fleischpflänzchen sehr gut harmoniert.

Brennnesselnocken

Gemüse aus Brennnesseln mit Crème fraîche

Zutaten: gelingt leicht

400 g	Brennnesseln
100 g	Speck, gewürfelt
1	Zwiebel, gewürfelt
1-2	Knoblauchzehen, klein geschnitten in Butter oder Öl glasig dünsten
	Crème fraîche, evtl. etwas süße Sahne
	Salz, Pfeffer, Muskat

1. Brennnesseln kurz dünsten, fein hacken oder pürieren.
2. Speck, Zwiebel und Knoblauchzehen in Butter oder Öl anbraten und die gehackten Brennnesseln dazugeben.
3. Mit Salz, Pfeffer und Muskat abschmecken und mit Crème fraîche abziehen. Eventuell etwas süße Sahne dazugeben.

Schmeckt mit Brot, mit Kartoffeln oder als Füllung für Cannelloni und Lasagne.

Tipp: Vorgegarte Kartoffeln mit dem Gemüse füllen und mit geriebenem Käse überbacken.

Grüner Pfannkuchen mit Käse

Zutaten:

1 kl. Schüssel	Brennnesselblätter
300 g	Mehl
4	Eier
1 Prise	Salz
300-400 ml	Milch
	Öl oder Butter zum Backen
200 g	Käsescheiben (Emmentaler, Gouda oder auch Parmesan)
	Salz und Pfeffer nach Geschmack

1. Brennnesselblätter kurz blanchieren, in einem hohen Gefäß pürieren und etwas salzen.
2. Mehl, Eier, Salz, Brennnesselpürree verrühren und solange mit Milch aufgießen, bis ein dickflüssiger Teig entsteht.
3. In einer Pfanne mit etwas Öl oder Butter den Pfannkuchen auf einer Seite backen, die obere Seite mit Käse belegen und den Pfannkuchen zusammenklappen. Nochmal kurz von beiden Seiten backen.

Tipp: Der Pfannkuchen kann auch mit gedünstetem Gemüse der Saison gefüllt werden.

Brennessel - Risotto

Zutaten:

200 g	junge Brennnesseln
2	Knoblauchzehen, fein gehackt
4	Schalotten, fein gehackt (oder 1 Zwiebel)
400 g	Risotto
100 g	Parmesan gerieben
100 ml	Olivenöl
1/8 l	trockener Weißwein
500 ml	Gemüsebrühe
1 EL	Butter

1. In einem breiten Topf 6 EL Olivenöl erhitzen, Schalotten und Knoblauch unter Rühren andünsten.
2. Kleingeschnittene Brennnesseln zugeben, kurz dünsten, Risotto zugeben und glasig dünsten.
3. Mit 1/8 l Weißwein ablöschen, nach und nach mit Brühe aufgießen und den Reis unter ständigem Rühren ausquellen lassen.
4. Unter das fertige Risotto 1 EL Butter und 50 g Parmesan unterrühren, mit Salz und Pfeffer abschmecken und den restlichen Parmesan dazu servieren.

Omelett mit Brennessel-Püree

Zutaten für das Brennnessel-Püree:

4 Handvoll	Brennnesselblätter, klein geschnitten
1	gehackte Zwiebel
etwas	Butter
	evtl. süße Sahne

Zutaten für das Omelett:

1 EL	Mehl
100 ml	Milch
6	Eier

1. Brennnesselblätter mit wenig Wasser im abgedeckten Topf kurz dünsten, Zwiebel und etwas Butter dazugeben.
2. Sollte das Ganze noch zu flüssig sein, mit Mehl bestäuben und eindicken lassen.
3. Salzen und evtl. mit süßer Sahne verfeinern.
4. Mehl, Milch und Eier zu einem Omelett-Teig verrühren.
5. In der Pfanne das Omelett zubereiten, das Brennnessel-Püree darauf verteilen und einmal umklappen.

Brennnessel-Sauce

Zutaten: gelingt leicht

1 l Gefäß	locker gefüllt mit Brennnesseln, klein gehackt
2 EL	Olivenöl
	Salz, Pfeffer
1 kleine	Zwiebel, fein gehackt
25 ml	Weißwein
4 EL	Frischkäse (keinen fettreduzierten)

1. Zwiebeln in Öl anbraten, Brennnesseln zugeben und dämpfen.
2. Mit Weißwein ablöschen und kurz kochen.
3. Würzen, pürieren und an die fertige Soße 4 EL Frischkäse geben.

Tipp: Schmeckt zu allen Teigwaren, Reis, Polenta und Speckknödel.
Je nach Geschmack kann geriebener Pecorino oder Parmesan dazu serviert werden.

Brennnessel-Sauce einfach (mit weniger Zutaten):

1. Zwiebel und Knoblauch klein schneiden und im Olivenöl dünsten.
2. Kleingeschnittene Brennnesselblätter (2 Handvoll) dazugeben und nochmal kurz
   dünsten.
3. Mit Salz, Pfeffer und Muskat nach Belieben würzen und mit Parmesan bestreuen.

Schmeckt wunderbar über Nudeln, zu Kartoffeln, Reis oder einfach als Brotaufstrich.

Brennnessel im Bierteig

Zutaten: gelingt leicht

3 EL	Dinkelmehl
1	Ei
etwas	Bier
	Salz und Pfeffer nach Geschmack
1 Handvoll	Brennnesselblätter (und/oder Salbeiblätter, Sauerampferblätter)
	Öl oder Butter zum Backen

1. Mehl, Ei, Bier verrühren und die Brennnesselblätter darin eintauchen.
2. In der Pfanne im heißen Öl kurz backen und auf einem Küchenpapier trocknen lassen.

Tipp: Besonders schmackhaft sind im Herbst die Blätter mit Samenständen im Teig ausgebacken.

Gänseblümchen (Bellis perennis) enthalten Flavonoide, bis 15% Mineralstoffe, darunter bis zu 3% Kieselsäure, Schleimstoffe, Gerbstoffe, Allantoin und viel Vitamin C, außerdem das antioxidativ wirksame Mangan, das wichtig für den Knochenaufbau ist.

Gänseblümchen-Blechkuchen

Zutaten für den Teig:
(Sahnebecher als Messbecher verwenden)

1 Becher	süße Sahne
	(ersatzweise 150g Butter)
2 Becher	Mehl
¾ Becher	Zucker
4	Eier
1 Päckchen	Backpulver
1 Päckchen	Vanillezucker
1 Prise	Salz
1 Handvoll	Gänseblümchenblüten

Zutaten für den Belag:

1 Becher	Zucker (evtl. auch etwas weniger, je nach Geschmack)
1 Päckchen	Vanillezucker
125 g	Butter, zerlassen
200 g	Mandelsplitter

1. Alle Backzutaten zu einem glatten Teig verarbeiten, die Masse auf ein gefettetes Blech geben und bei 180 °C (Umluft) ca. 10 Minuten backen.
2. Für den Belag die Butter in einer Pfanne zerlassen, Zucker und Mandelsplitter dazugeben und bei mäßiger Hitze verrühren.
3. Den Kuchen aus dem Ofen nehmen, die Masse für den Belag gleichmäßig darauf verteilen und nochmal bei ca. 150 °C fertig backen lassen (ca. 15-20 Minuten).

Salat mit Gänseblümchen

Zutaten: gelingt leicht

1 Schüssel	gemischter Salat (je nach Saison)
24	Gänseblümchenblüten
3 EL	Rapsöl
1 EL	roter Aceto Balsamico
1 TL	Senf
1 TL	flüssiger Honig oder Agavendicksaft
	Salz und Pfeffer

1. Öl, Essig, Senf und Honig mischen und abschmecken.
2. Marinade über den Salat geben und gut durchmischen.
3. Auf Salatschälchen verteilen und mit den Blüten verzieren.

Tipp: Es eignen sich auch andere essbare Wildblumenblüten, wie die Blüten von Kapuzinerkresse, Wald-Sauerklee, Wiesensalbei, Sauerampfer, Holunder, Wiesenschaumkraut und Knoblauchrauke.

Gänseblümchen-Brennnessel-Suppe

mit gelben Rüben

Zutaten:

4	Kartoffeln, in Würfel geschnitten
2	Zwiebeln, klein geschnitten
2	gelbe Rüben, in Würfel geschnitten
50 g	Brennnesseln, klein geschnitten
50 g	Gänseblümchenblätter, klein geschnitten
1 Handvoll	Gänseblümchenblüten
¾ Liter	Wasser/oder Gemüsebrühe
	Salz, Pfeffer und Muskat nach Geschmack, etwas Butter

1. Zwiebeln, gelbe Rüben, Gänseblümchen- und Brennnesselblätter in Butter anschwitzen, mit Wasser ablöschen.
2. Die Kartoffeln dazugeben, mit Salz, Pfeffer und Muskat würzen und gar kochen.
3. Kurz vor dem Servieren mit den Gänseblümchenblüten dekorieren.

Tipp: Für Liebhaber von cremigen Suppen - Suppe pürieren und mit einem Esslöffel Schmand oder einem Schuss Sahne verfeinern.

Giersch (Aegopodium podagraria) auch mit den Beinamen Zipperleinskraut, Heckenmus, Geißfuss, enthält Mangan, Bor, Saponin, ätherisches Öl, viel Vitamin C, Kupfer, Harz, Zink, Flavonoide, Eisen, sehr viel Kalium, Magnesium, Kalzium und Carotin.

Gedünsteter Zaungiersch

Zutaten: gelingt leicht

500 g	Giersch, fein gehackt
etwas	Butter oder Öl
etwas	Zitronensaft
	Salz und Pfeffer nach Geschmack, gemahlene Muskatnuss

1. Etwas Butter oder Öl erwärmen und den Giersch darin kurz andünsten.
2. Vor dem Servieren mit Zitronensaft beträufeln.
3. Mit Salz, Pfeffer und Muskat abschmecken.

Tipp: Schmeckt sehr gut zu Bratkartoffeln, da der Giersch - besonders wenn er jung ist - geschmacklich an Petersilie erinnert.
Variieren kann man den Giersch in Aufläufen mit Fleisch oder mit anderem Gemüse, wie gelbe Rüben und Kartoffeln.

Gefüllte Gierschkartoffel

Zutaten:

8	Kartoffeln mit Schale gekocht
2	Zwiebeln
	Öl
250 g	Giersch, klein geschnitten
1 EL	Mehl
etwas	Sahne oder Milch
	evtl. etwas Frischkäse

1. Zwiebeln fein hacken und in Öl dünsten.
2. Giersch dazugeben, mit Mehl bestäuben und mit Sahne oder Milch ablöschen, evtl. etwas Frischkäse unterrühren und nach Geschmack salzen und pfeffern.
3. Die gekochten Kartoffeln halbieren und aushöhlen, das Kartoffelinnere mit der Gierschmasse vermischen, abschmecken und in die Kartoffelhälften füllen.
4. Auf ein Backblech legen, mit geriebenem Käse bestreuen und 10-15 Min. im Backofen überbacken.

Tipp: Schmeckt hervorragend als vegetarisches Hauptgericht oder als Beilage zu Gegrilltem.

Giersch mit Kartoffelpüree und Ei

Zutaten:

200 g	Giersch, klein geschnitten
8	Kartoffeln
4	Eier
100 g	Butter oder Öl
ca. 150 ml	Milch für das Püree
	Salz und Pfeffer

1. Kartoffeln dämpfen (oder in wenig Salzwasser kochen).
2. Butter in der Pfanne zerlassen oder Öl erhitzen und den Giersch darin dünsten.
3. Die Eier in eine zweite Pfanne einschlagen (Spiegeleier) und gar kochen lassen.
4. Inzwischen die Kartoffeln schälen, mit Milch pürieren (nur soviel Milch dazugeben, bis das Püree cremig ist) und auf einem Teller anrichten, darauf die Gierschmasse und zum Schluss die Spiegeleier darüber legen.

Giersch-Pesto mit Haselnüssen

haltbar in Gläsern

Zutaten für ca. 3 Gläser á 400 g:

6 Handvoll	Giersch, fein geschnitten
200 g	Parmesan
200 g	Haselnüsse, gemahlen
1 Flasche	Olivenöl (750 ml)
1 TL	Salz
3	Knoblauchzehen

1. Giersch, Parmesan, Haselnüsse, Knoblauch, sowie Salz und Olivenöl mischen und mit dem Mixstab pürieren.
2. In Gläser (ca. 3 Stück á 400 g) abfüllen und das Pesto mit Öl bedecken.

Tipp: Zu Nudeln oder als Brotaufstrich.

Holzfällersuppe

einfach & schnell

Zutaten:

5 Scheiben	dunkles Bauernbrot
1 Handvoll	Giersch, Bärlauch (oder 1 kl. gehackte Knoblauchzehe)
4 EL	Öl
1 l	Gemüsebrühe
	Salz und Pfeffer

1. Brot in kleine Würfel schneiden, Kräuter klein schneiden.
2. Öl erhitzen, Brotwürfel anrösten, Kräuter dazugeben, kurz andünsten und portionsweise in Suppenteller verteilen.
3. Gemüsebrühe erhitzen und über die gerösteten Brotwürfel mit Kräutern in die Teller schöpfen.

Giersch-Spaghetti

Zutaten: leicht & schnell

kl. Schüssel	voll mit Giersch, klein gehackt (evtl. einige Blätter Bärlauch zugeben)
4-5 EL	Olivenöl
	Salz
	Pfeffer
	gemahlene, getrocknete Peperoni
100 g	Pecorino oder Parmesan, gerieben
500 g	Spaghetti

1. Spaghetti al dente kochen und abgießen.
2. Olivenöl kurz erwärmen, klein gehackten Giersch (Bärlauch) zugeben, unter die frisch gekochten Nudeln mischen und mit geriebenem Parmesan servieren.
3. Je nach Geschmack mit etwas Peperoni schärfen.

Variation: Einen milden Ziegenkäse oder Frischkäse darunter mischen und mit frischen halbierten Cocktailtomaten servieren.

Gundelrebe, Gundermann (Glechoma hederacea) auch Bundräbli, Eichefeu, Soldatenpetersilie, Kitzkräutli, Heilrauf, Erdkränzlein oder Zaungucker genannt, enthält Vitamin C, Kalium, Cholin, Saponine, Gerbstoffe, Bitterstoffe und verschiedene ätherische Öle.

Kräuterbutter

Zutaten:

100 g	Butter
1 Handvoll	Gundelrebeblätter und -blüten
1 Handvoll	Labkraut
	Salz und Pfeffer nach Geschmack

1. Die Blätter kleinschneiden und kurz im Dampf blanchieren.
2. Die Butter im Topf erwärmen, Blätter und Blüten dazugeben, leicht würzen.
3. In eine Form gießen oder etwas abkühlen lassen und in Butterbrotpapier wickeln, so dass eine Rolle entsteht, anschließend kalt stellen.

Tipp: Auch andere Kräuter, je nach Saison und Geschmack, können in die Butter gerührt werden. Wunderbar schmeckt die Kräuterbutter auf einem Baguette und mit Blüten verziert bereichert sie jedes Buffett.

Die Blüten des Holunders (Sambucus nigra) enthalten ätherisches Öl, haben einen hohen Anteil an freien Fettsäuren, bis zu 3,5% Flavonoide, Gerbstoffe und Schleime, außerdem einen hohen Gehalt an Kaliumsalzen (4-9%).
Die Früchte enthalten auch ätherisches Öl, Flavonoide, Anthocyane, Zucker, Fruchtsäuren, Vitamin B^2, viel Vitamin C und Folsäure.

Ausgebackene Holunderküchle

Zutaten: gelingt leicht

100 g	Mehl
2	Eier
60 g	zerlassene Butter
2 EL	Zucker
1 Prise	Salz
125 ml	Bier (statt Bier kann auch Milch genommen werden)
12	Holunderblütendolden, voll erblüht
	Sonnenblumenöl
	Puderzucker

1. Alle Zutaten für den Bierteig zu einem relativ dünnflüssigen Teig rühren.
2. In einem kleinen Topf mindestens 2 cm Öl erhitzen, so dass die Blütendolden leicht schwimmen können.

3. Die Blütendolden gut ausschütteln, aber nicht waschen, am Stiel nehmen, kopfüber in den Teig tauchen und sofort im heißen Öl goldgelb ausbacken.

4. Mit Puderzucker bestäuben und sofort servieren.

Tipp: Sammeln Sie die Holunderblüten, wenn sie bereits eine Zeit lang blühen und alle Knospen geöffnet sind. Den idealen Zustand erkennt man am intensiven Duft. Steht der Baum in voller Blüte, sollte man möglichst schnell ernten, denn bei Regen fallen die empfindlichen Blüten ab und ihre Wirkstoffe werden ausgespült.

Holunderblüten-Likör

Zutaten:

30-40	Holunderblütendolden, voll erblüht, mit ganz kurzen Stielen
1 ½ l	Wasser
750 g	Zucker
50 g	Zitronensäure
2	Flaschen Wodka (oder Korn)

1. Wasser kochen, mit Zucker und Zitronensäure mischen, etwas abkühlen lassen.

2. Diese Mischung über die Holunderblüten geben und in einem geschlossenen Gefäß 24 Std. ziehen lassen.

3. Noch einmal kräftig umrühren und durch ein feines Sieb/Kaffeefilter abseihen, so dass keine Schwebestoffe mehr stören.

4. Den Sirup 3 Min. aufkochen und abkühlen lassen, dann mit Wodka aufgießen.

5. In kleine Likörflaschen abfüllen, fertig.

Tipp: Dieser Likör kann pur getrunken oder mit Sekt aufgegossen werden. Schmeckt auch wunderbar mit Zitronensorbee.

Holunder-Apfel-Saft

Zutaten: gelingt leicht

1 kg	Holunderbeeren
200 g	Äpfel zerteilt, aber nicht geschält und nicht entkernt
1 Zweig	Salbei (mildert den Geschmack und stärkt die Abwehrkräfte)
	Zucker oder Honig nach Geschmack

1. Alle Zutaten in einem Entsafter solange kochen, bis die Beeren geschrumpft sind.
2. Flaschen mit heißem Wasser auswaschen, den Saft bis zum Rand einfüllen und mit einem Deckel luftdicht verschließen.

Tipp: Der Saft kann zu Gelée verarbeitet werden, siehe Rezept Holunderblüten-Apfelgelée.

Holunderblüten-Sirup

Zutaten:

30-40	Holunderblütendolden, voll erblüht, mit ganz kurzen Stielen
2 l	Wasser
2 kg	Zucker
60 g	Zitronensäure oder etwas mehr Zitronensaft
2	Zitronen

1. Wasser kochen, dann darin Zucker und Zitronensäure auflösen.
2. In einem großen Topf saubere Blütendolden einlegen. Zitronen waschen, in Scheiben schneiden und zu den Blüten geben.

Kräuterzauber

3. Das kochende Zuckerwasser über die Dolden-Zitronenmischung geben.
4. Den Sirup im geschlossenen Topf an einem kühlen Ort 4-5 Tage ziehen lassen, ab und zu umrühren.
5. Nach dem Abseihen den Sirup noch einmal erhitzen und heiß in verschließbare Glasflaschen abfüllen. Flaschen kühl lagern.

Tipp: Wie bei den Marmeladengläsern stelle ich den frisch abgefüllten Sirup für ca. 1 Min. auf den Kopf, damit durch die Hitze sich keine Bakterien im Deckel bilden können. So hält sich der Sirup mindestens 1 Jahr, bis zur neuen Holunderblütenernte.

Je nach Geschmack, im Verhältnis 1:7 mit (Mineral-) Wasser oder zum Aperitif mit Sekt aufgießen.
Ein paar Blüten im Wasser oder im übrigen Sirup in Eiswürfelformen einfrieren - wird zu einer wunderschönen essbaren Dekoration im Getränk.

Sommer-Aperitifs mit Holunderblütensirup:

Blütentraum:
1 Kugel Zitronensorbet ins Sektglas geben, mit einem Spritzer Holundersirup überziehen und mit eiskaltem Sekt aufgießen.
Mit Holunderblüten verzieren.

Weißer-Sprizz:
In ein Weinglas einen Schuss Sirup, etwas Wasser,
2-3 Minzeblätter und Eiswürfel.
Das Ganze mit kaltem Prosecco aufgefüllt ergibt ein
wunderbares, erfrischendes Sommergetränk.

Holunderblüten-Apfelgelée

Zutaten:

400 ml	Holunderblütensirup (siehe Rezept)
250 ml	Apfelsaft
1 Päckchen	Apfelpektin 2:1

1. Holundersirup und Apfelsaft in einem Kochtopf mischen,
   3 Esslöffel entnehmen und kalt mit dem Apfelpektin verrühren.
2. Das aufgelöste Apfelpektin in die Flüssigkeit einrühren und kurz aufkochen.
3. Das Ganze in vorbereitete Gläser füllen und auf den Kopf stellen.

Tipp: Ein Gelée aus Holunderblütensirup schmeckt ähnlich wie Champagnergelée.

Holunderbeeren-Sirup

Zutaten:

1 l	Saft von Holunderbeeren
1 kg	Zucker
2 EL	Zitronensäure

1. Holundersaft mit Zucker und Zitronensäure aufkochen, bis der Zucker sich
   vollständig aufgelöst hat.
2. Das Ganze in vorbereitete Glasflaschen füllen, gut verschließen und 1 Min. auf den
   Kopf stellen. Hält sich kühl gelagert bis zu einem Jahr.

Tipp: Je nach Geschmack den Sirup mit Apfelsaft und Mineralwasser mischen.

Holunderbeerengelee: Holundersaft mit Gelierzucker nach Packungsangabe verarbeiten.

Die Knoblauchrauke (Alliaria petiolata, Alliaria officinalis) enthält Senfölglykosid, Saponine, ätherisches Öl, Carotin, reichlich Vitamin A und C und verschiedene Mineralstoffe. Die Pflanze unterstützt die Verdauung, stärkt das Immunsystem, wirkt harntreibend und blutreinigend. Die Knoblauchrauke mit ihrem feinen Knoblaucharoma kann frisch im Frühling in Kartoffelpürees, Quark-, Joghurt- oder Frischkäseaufstrichen, in Kräutersoßen oder Suppen verwendet werden.

Green Spirit

Zutaten für einen Energie-Drink:

1 Becher	Buttermilch oder Naturjoghurt
etwas	Wasser je nach Geschmack
¼ Becher	Knoblauchrauke, Giersch,
	Löwenzahn und/oder Pfefferminze
1 Spritzer	Zitronensaft
	Salz

1. Alle Zutaten im Mixer pürieren, abschmecken und in ein Glas füllen.

Geschmacksvarianten ergeben sich je nach Jahreszeit und Kräuter. Mit ein wenig Honig statt Salz erhält man einen süßen Dessertdrink.

Frühlingskräuterpizza

Zutaten für den Pizzateig: gelingt leicht

300 g	Mehl
1 Päckchen	Trockenhefe
2 EL	Olivenöl (je weniger desto knuspriger)
125-250 ml	Wasser
	Salz

Zutaten für den Belag:

400 g	klein gewürfelte Tomaten
1 Schüssel	Frühlingswiesenkräuter (Blätter und Blüten) wie z.B.:
	Knoblauchrauke, Löwenzahn, Spitzwegerich, Gänseblümchen,
	Stiefmütterchen, klein geschnitten
1	Knoblauchzehe, klein gehackt
100 g	würziger Käse

1. Die Zutaten für den Pizzateig vermischen und zu einer glatten Masse verarbeiten – 30 Minuten gehen lassen.
2. Backblech mit Butter bestreichen und den ausgerollten Teig gleichmäßig darauf legen, gut in die Ecken drücken.
3. Den Teig mit Tomaten bestreichen.
4. Die Frühlingswiesenkräuter (Blätter) kurz mit Knoblauch in Öl andünsten und auf dem Pizzateig verteilen, mit Käse bestreuen und bei 200 °C 12-15 Minuten backen.
5. Vor dem Servieren mit den Blüten verzieren.

Die Grüne Minze, auch die Pfefferminze (mentha piperita) enthält bis 3% ätherisches Öl (hauptsächlich Carvon), Gerbstoffe und Flavonoide. Die Pflanze wirkt als Tee beruhigend auf Magen, Darm und Psyche. Minze steigert die Produktion der Gallensäfte, das ätherische Öl hat eine antibakterielle Wirkung.

Pfefferminz-Gurkensalat

Zutaten: gelingt leicht

2	Salatgurken, in dünne Scheiben geraspelt
150 ml	Créme fraîche (ersatzweise Joghurt)
1 Handvoll	frische Pfefferminze, fein gehackt
½	Zitrone, den Saft
1 TL	Senf, mittelscharf
	Salz
	Pfeffer

1. Vorbereitete Gurken salzen und kurz im Kühlschrank stehen lassen.
2. Alle übrigen Zutaten zu einer Sauce verarbeiten.
3. Gurkenwasser abgießen und Gurken in die Sauce geben, vermengen und kurz durchziehen lassen.

Tipp: Der frische Salat schmeckt am besten gekühlt - zu einer Reispfanne oder als vegetarisches Gericht zu Kartoffel- oder Zucchinipuffer.

Kräuterzauber

Couscous-Salat mit Pfefferminze

Zutaten: gelingt leicht

200 g	Couscous (moyenne = Größe der Körner)
500 g	frische Tomaten, fein gewürfelt
3	Zwiebeln, fein gehackt
2 EL	frische Pfefferminze, fein gehackt
2 EL	Petersilie, fein gehackt
2 EL	Zitronensaft
1 EL	Balsamico bianco
6 EL	Olivenöl
	Salz und Pfeffer

1. Couscous roh (nicht kochen) in eine Schüssel geben.
2. Alle übrigen Zutaten, wie Tomaten, Zwiebeln, Saft der Zitronen, Öl, Pfefferminze dazu geben und mit Salz und Pfeffer würzen.
3. Untereinander mischen und mindestens 2 ½ - 3 Stunden zugedeckt ziehen lassen.

Tipp: Feine Beilage zu gegrilltem Lammfleisch oder herzhaftem, gegrillten Fisch.

Variante: Zutaten zum oberen Rezept hinzufügen

2	Knoblauchzehen, fein gehackt
150 g	Fetakäse
3 EL	Pistazien, gehackt
3 EL	Erdnüsse, gehackt
1 TL	Korianderpulver

Pfefferminz-Rührei zum Frühstück

Zutaten:

5	Eier
2 EL	Pfefferminze, klein gehackt
1	Schuss Milch
	Salz, Pfeffer

1. Eier, ein Schuss Milch, 2 EL Pfefferminze, Salz und Pfeffer verquirlen.
2. Butter in einer Pfanne zerlassen und die Eiermasse bei mittlerer Hitze solange rühren, bis die Masse gestockt ist.

Schmeckt besonders gut auf Schwarzbrot mit Butter oder Buttertoast.

Tipp: Statt Pfefferminze – die klassische Variante mit Schnittlauch – oder mit einer Mischung aus Wildkräutern, die je nach Jahreszeit sehr unterschiedlich kombiniert werden kann.

Das Labkraut, Wiesenlabkraut (Galium mollugo) und auch das Klettenlabkraut (Galium aparine) enthalten Glykoside, Alkaloide, Gerbstoffe und ätherische Öle.

Das Labkraut kann das ganze Jahr über gesammelt werden, Blätter und Blüten eignen sich für Salat und als Zutaten für alle Kräuterrezepte.

Spätzle mit Kräuter-Sahne-Soße

Zutaten für den Spätzleteig:

400 g	Mehl
3	Eier
1 Prise	Salz
300 ml	Wasser
2-3 l	Salzwasser zum Kochen der Spätzle

Zutaten für die Soße:

1 kleine	Zwiebel, in Ringen oder ganz klein geschnitten
1 Handvoll	Labkraut, fein geschnitten
1 Handvoll	Giersch oder Brennnesselblätter, fein geschnitten
3 EL	Olivenöl
100 ml	süße Sahne oder Frischkäse
etwas	Mehl
	Salz und Pfeffer nach Geschmack

1. Mehl, Eier, Salz und Wasser in einer passenden Schüssel zu einem glatten Teig verarbeiten und durch ein Spätzlesieb portionsweise in kochendes Salzwasser streichen.
   Wenn die Spätzle oben schwimmen mit dem Schaumlöffel herausnehmen und auf
   einem Sieb mit kaltem Wasser abschrecken.
2. Die Spätzle in einer Pfanne mit etwas Butter warmhalten.
3. Einen kleinen Topf mit dem Olivenöl erhitzen, die Zwiebelringe anrösten, Kräuter,
   Sahne und Mehl dazugeben, kurz kochen bis das Mehl bindet und würzen.
4. Zum Servieren die Spätzle mit der Kräuter-Sahne-Masse in der Pfanne mischen und
   mit ein paar übrigen Blättern dekorieren.

Tipp: Statt Sahne kann auch Frischkäse unter die Kräuter gerührt werden, dann
braucht man kein Mehl mehr.

Ohne Sahne und Mehl schmeckt die Kräutermasse auch sehr gut zu Spätzle.

Spätzle und Kräutermasse mischen und mit geriebenem Käse bestreuen.

Löwenzahn (taraxacum officinale) enthält reichlich Vitamin C, Vitamin A, bis zu 5% Kalium, reichlich Magnesium, Bitterstoffe, Phytosterole, reichlich Eiweiß, Flavonoide, Eisen und Zink. Die Löwenzahnblätter sind von März bis Juni eine Delikatesse in jedem Salat.

Löwenzahnbutter

Zutaten:

15	große Löwenzahnblüten – die gelben Blüten ausgezupft
12	zarte/junge Löwenzahnblätter, fein gehackt
250 g	Butter
etwas	Salz
½ TL	Zucker
1 Schuss	Rapsöl oder Olivenöl
2 Spritzer	Zitronensaft
	evtl. gehackte Gänseblümchenblüten

1. Löwenzahnblüten und Löwenzahnblätter mit der weichen Butter mischen.
2. Salz, Zucker, Öl und etwas Zitronensaft hinzugeben und alles gut miteinander vermischen. Evtl. gehackte Gänseblümchenblüten untermischen.
3. Das Ganze in eine kleine Schüssel füllen oder kleine Portionsrollen formen und kühl stellen.

Löwenzahnblütengelée

Zutaten:

200 g	Löwenzahnblüten
1 l	Wasser
1	Zitrone
1 kg	Gelierzucker (oder Apfelpektin - Zuckermenge siehe Packungsangabe)

1. Löwenzahnblüten waschen und 5 Minuten im Wasser köcheln lassen, dann vom Herd nehmen, zudecken und 24 Stunden ruhen lassen.
2. Am nächsten Tag den Saft durch ein Sieb in einen anderen Topf gießen.
3. Zucker und Apfelpektin mischen, Zitrone auspressen und mit dem Löwenzahnsaft kurz aufkochen lassen, dann heiß in Gläser füllen.
4. Wenn die Flüssigkeit abkühlt wird das Gelée fest.

Tipp: Schmeckt sehr gut zum Frühstück als Brotaufstrich, im Naturjoghurt oder im Quark.

Löwenzahnblütengelée gibt es nirgends zu kaufen und ist somit etwas Besonderes, deshalb verschenke ich gerne ein schön dekoriertes Glas.

Löwenzahnsalat

Zutaten:

500 g	junge Löwenzahnblätter in feine Streifen schneiden
2-3	hart gekochte Eier, fein gehackt
4 EL	Essig
5 EL	Öl
1 TL	scharfer Senf
2-3 EL	gehackte Petersilie
	Salz, Pfeffer

1. Das Dressing aus Öl, Essig, Senf und Petersilie bereiten.
2. Gehackte Löwenzahnblätter zugeben und mit Salz und Pfeffer abschmecken.
3. Zum Schluss gehackte Eier unterheben und servieren.

Tipp: Wenn der leicht bittere Geschmack stört, die Blätter kurz in lauwarmes Wasser legen.

Löwenzahn-Pesto

Zutaten:

100 g	Löwenzahn in Streifen schneiden
30 g	Parmesan, gerieben
100 g	Sonnenblumenkerne oder Hanfsamen, leicht geröstet
150 ml	Olivenöl (Raps- oder Leinöl)
etwas	Salz und Pfeffer

1. Alle Zutaten in ein hohes Gefäß geben und mit dem Pürierstab zu einer gleichmäßigen Masse verarbeiten.

Tipp: Wenn das Pesto eine Weile halten soll, in ein Glas füllen, mit etwas Öl auffüllen und das Glas verschließen.
Pesto kann mit Nudeln, mit Pell- oder Bratkartoffeln vermischt oder auch im Pfannkuchen eingerollt werden.

Löwenzahn-Wurzelgemüse

Zutaten:

3	mittelgroße Löwenzahnwurzeln
2 Handvoll	Brennnesselblätter, klein geschnitten
1	Zwiebel, fein gewürfelt
	Olivenöl
	Salz, Pfeffer

Grundrezept:

1. Löwenzahnwurzel gründlich waschen und in dünne Scheiben schneiden.

2. Zwiebeln und klein geschnittene Löwenzahnwurzeln in Olivenöl anbraten.

3. Brennnesselblätter hinzufügen.

Wurzelkraft mit Reis

1. Reis in Salzwasser kochen und parallel Grundrezept in der Pfanne zubereiten.

2. Noch etwas Öl in die Pfanne geben und den fertig gekochten Reis hinzufügen.

3. Auf Tellern servieren und mit Kräutern oder Blüten dekorieren.

Wurzelkönig auf Nudeln mit Knoblauch

1. Nudeln kochen, abseihen und Grundrezept mit gehacktem Knoblauch zubereiten.
2. Mit Sahne oder Gemüsebrühe ablöschen und mit den Nudeln servieren.

Wilde Wurzeln mit Karotten-Kartoffel-Gemüse

1. Gemüse in wenig Wasser dünsten. Etwas Mehl in Sahne einrühren und unter das Gemüse geben. Kurz köcheln, dann mit dem Grundrezept mischen.

Kartoffelsalat mit Löwenzahn

Oma`s Löwenzahnsalat

Zutaten:

1,5 kg	gekochte Kartoffeln
3 EL	klein gewürfelter Speck
1	Zwiebel, fein gewürfelt
100 ml	Olivenöl
2 EL	Essig
1	Salatsieb voll mit Löwenzahn, gewaschen und grob geschnitten
2	hart gekochte Eier zum Garnieren

1. In einer Pfanne Speck knusprig braten und an die Seite stellen.
2. In diesem Fett Zwiebeln glasig dünsten, Öl zugeben und Kartoffeln darin zerdrücken, mit Essig, Salz und Pfeffer abschmecken.
3. In einer großen Salatschüssel Kartoffelmasse, Löwenzahn und Speck mischen, mit hart gekochten Eiern garnieren und sofort servieren.

Tipp: Dieser warme Löwenzahn-Kartoffelsalat schmeckt auch hervorragend zu gebratenem Kassler oder zu panierten Schnitzeln.
Wenn die Kartoffeln zuviel Flüssigkeit aufnehmen noch etwas Brühe dazugeben und evtl. mit Essig noch einmal nachwürzen.

Melde (Chenopodium album agg.) enthält Saponine, Stigmasterol, Campesterol, Betain, Oleanolsäure, Oxalsäure, Sitosterol, verschiedene Aminosäuren, reich an Kalium, Eisen, Zink, Phosphor und Spurenelemente.

Nudelteig mit Melde

Zutaten:

400 g	Mehl
4	Eier
2 Handvoll	Meldeblätter fein gehackt
1 Spritzer	Olivenöl (für einen geschmeidigen Teig)
etwas	Salz

1. Mehl, Eier, Olivenöl und Meldeblätter in der Küchenmaschine kneten.
2. Sobald der Teig weich und elastisch ist, die Arbeitsfläche leicht bemehlen, Teig dünn ausrollen oder mit der Nudelmaschine dünne Teigplatten herstellen.
3. Mit dem Messer oder mit der Nudelmaschine Bandnudeln herstellen.
4. Frische Nudeln in reichlich Salzwasser kochen. Dem Nudelwasser 1-2 EL Öl beigeben, dass die Nudeln nicht aneinanderkleben.

Tipp: Die Melde im Nudelteig kann durch Giersch, Brennnesseln oder einer Wildkräutermischung beliebig ersetzt werden. Kräuternudeln kann man auch trocknen und lagern. Schön verpackt sind diese eine wunderbare Geschenkidee.

Kürbis-Melde-Gratin

Zutaten:

1 kg	Kürbis, in Würfel geschnitten
2 Handvoll	Meldeblätter (evtl. mischen mit weiteren Wildkräutern)
2 EL	Olivenöl
2 EL	Mehl
2 EL	Butter
¼ l	Milch
2 EL	Bergkäse
50 g	Semmelbrösel
2 EL	Schmand
2	Eier, getrennt - Eiweiß steif schlagen
	Muskat, Salz, Pfeffer

1. Kürbiswürfel kurz dünsten und zur Seite stellen.
2. In einem Topf Butter erwärmen, Mehl einrühren, dann die Milch dazu geben und kurz aufkochen.
3. Schmand, Käse, 2 Eigelb unterrühren und das steif geschlagene Eiweiß dazugeben.
4. Kürbis und die Sauce vermischen, würzen, in eine gefettete Auflaufform geben.
5. Mit Semmelbrösel bestreuen, mit Olivenöl beträufeln und im Ofen bei 170 °C ca. 20 Min. backen.

Salbei (Salvia officinalis) enthält einen hohen Anteil an ätherischen Ölen, trizyklische Diterpene wie Carnosol und Carnosolsäure (beide besitzen eine antioxidative, antimikrobielle, sowie chemoprotektive Wirkung gegen Karzinogene). Der Name Salvia stammt vom lateinischen Wort salvare ab und bedeutet heilen.

Panierte Salbeiblätter

Zutaten:

ca. 30	Salbeiblätter
1	Ei
1 Teller	Semmelbrösel
	Olivenöl

1. Das Ei verquirlen, Salbeiblätter untermengen und kurz ziehen lassen.
2. In Semmelbrösel wenden und in reichlich Olivenöl in einer Pfanne goldbraun anbraten.
3. Auf Küchenpapier abtropfen lassen und mit Käse servieren.

Tipp: Hervorragend als Vorspeise, als Snack zwischendurch oder abends zum Wein.

Kräuter-Salbeibutter

Zutaten:

125 g	Butter
1	Knoblauchzehe, gepresst
etwas	Pfeffer, Cayennepfeffer, Kräuter/Selleriesalz
3 EL	Salbei und/oder Schnittlauch, Petersilie, Pimpinelle

1. Butter im Topf zerlassen, Knoblauch und Kräuter hinzufügen, verrühren und erkalten lassen.
2. In ein Butterbrotpapier rollen – sieht gut aus.

Tipp: Schmeckt als Brotaufstrich, zu Kartoffeln oder zu Nudeln, auch auf Toast mit etwas geriebenem Käse im Ofen überbacken.
Die Butter kann noch mit gerösteten Pinienkernen, Hanfsamen, Sahne oder Parmesan verfeinert werden.

Apfel-Zitrone-Salbeigelée

Zutaten:

1 l	Apfelsaft
50 ml	Zitronensaft
400 g	Rohrohrzucker
1 Päckchen	Apfelpektin (zum Gelieren)
ca. 20	Salbeiblätter

1. Rohrohrzucker und Apfelpektin mischen, mit Apfel- und Zitronensaft kurz aufkochen bis die Masse zu gelieren beginnt.
2. Die Salbeiblätter dazugeben, dann das Gelee in saubere Gläser füllen und gut verschließen.

Tipp: Nicht nur zum Frühstück - auch zu kaltem Braten oder zu gebackenem Camembert eine außergewöhnliche, sehr schmackhafte und gesunde Zugabe.

Gebackener Camembert mit Apfel-Zitronen-Salbeigelée

Sauerampfer (Rumex acetosa L.) enthält Eiweiß (2%), freie Oxalsäure, Flavonoide, reichlich Vitamin C, Carotin, Eisen, Gerbstoffe und Hyperosid. Die Pflanze stärkt das Immunsystem und hat verdauungsfördernde Eigenschaften.

Sauerampfer-Suppe

Zutaten:

50 g	Sauerampfer, fein gehackt
5 g	Kerbel, fein gehackt
etwas	Butter
2 EL	Mehl
1 l	Gemüse- oder Fleischbrühe
3	Eigelb
2 EL	Sauerrahm

1. In einem Topf Butter erhitzen, Mehl darüber stäuben und unter Rühren eine helle Mehlschwitze herstellen.
2. Die fein gehackten Kräuter dazugeben, kurz dünsten, mit der Fleischbrühe auffüllen und kurz kochen.
3. Eigelb mit Sauerrahm verrühren und in die nicht mehr kochende Suppe geben.

Sauerampfer-Kartoffelsuppe

Zutaten:

50 g	junge Sauerampferblätter, in feine Streifen geschnitten
1 l	Wasser
50 g	Butter
300 g	Kartoffeln, geschält und gewürfelt
	Salz, Pfeffer, Muskatnuss
100 ml	Crème fraîche oder süße Sahne

1. 1 EL Butter in einem Topf zerlaufen lassen, die Sauerampferstreifen darin dünsten und Wasser dazugießen.
2. Kartoffeln in die Brühe geben und bei niedriger Temperatur 30 Minuten kochen lassen.
3. Die Suppe pürieren und mit einem Schneebesen die restliche Butter darunterschlagen. Mit Salz, Pfeffer und Muskat abschmecken.

Tipp: Wenn man will, kann man die Suppe mit etwas Créme fraîche oder süßer Sahne noch verfeinern.

Wichtig für alle Rezepte mit Sauerampfer!

Garen Sie Sauerampfer niemals in Aluminiumtöpfen, da die in den Blättern enthaltene Säure Aluminium angreift und sich giftige Stoffe bilden können.

Hähnchenschenkel mit Sauerampfer

Zutaten:

8	Hähnchenschenkel
200 g	Sauerampfer, fein gehackt
50 g	Butter
250 ml	herber Apfelsaft oder Cidre
1	Eigelb
200 g	Créme fraîche
	Salz, Pfeffer aus der Mühle

gelingt leicht
ca. 1 Std.

1. Hähnchenschenkel salzen und pfeffern, in Butter bei starker Hitze anbraten.

2. Sauerampfer dazugeben und Hitze reduzieren. Kurz schmoren und mit Apfelsaft oder Cidre angießen, dann etwa 45 Min. bei schwacher Hitze zugedeckt gar schmoren. Hähnchenteile abtropfen und warm stellen.

3. Eigelb mit Créme fraîche verquirlen, einige EL Kochflüssigkeit dazugeben, gut umrühren. Die Mischung in den Topf gießen, bei schwacher Hitze erwärmen, nicht mehr kochen, mit dem Schneebesen schlagen.

4. Etwas Sauce über die Hähnchenschenkel gießen, den Rest in einer Saucenschüssel servieren. Nach Belieben mit frischem Sauerampfer garnieren.

Tipp: Dazu schmeckt frisches Weißbrot oder Salzkartoffeln. Für dieses Rezept können statt Hähnchen- auch Hasenteile verwendet werden.

Sauerampfer-Hollandaise

Zutaten: gelingt leicht

15	junge Sauerampferblätter, gehackt
150 g	Butter
3	Eigelb
1 EL	Zitronensaft
	Salz, schwarzer Pfeffer

1. Butter in einem kleinen Topf schmelzen lassen.
2. Eigelb in der Küchenmaschine etwa 20 sec. rühren, dann die heiße Butter zugießen bis die Soße cremig wird.
3. Zitronensaft und Sauerampfer unterrühren, mit Salz und Pfeffer abschmecken.

Tipp: Mit einem Schuss Sahne erhält die Soße eine festere Konsistenz. Passt hervorragend zu gebratenen Thunfischsteaks, Gambas, Rindersteaks oder Pellkartoffeln.

Sauerampfer-Pesto á la Luisa

Zutaten:

1	großer Bund Sauerampfer
50 g	Pecorino oder Parmesan
2 EL	Bucheckern (ersatzweise angeröstete Pinienkerne)
3	Knoblauchzehen, fein gehackt
1/8 l	Olivenöl
400 g	Nudeln
	Salz

1. Sauerampferblätter, 2 EL Bucheckern und 3 Knoblauchzehen im Mörser mit einer Prise Salz zu einer Paste zerreiben (oder im Mixer fein pürieren).
2. Abwechselnd esslöffelweise Olivenöl und frisch geriebenen Käse unterrühren, bis eine sämige Creme entsteht.
3. Nudeln in Salzwasser kochen.
4. 3-4 EL heißes Nudelwasser unter das Pesto rühren. Nudeln abgießen, mit Pesto mischen und sofort servieren.

Tipp: Die sehr schmackhaften Bucheckern müssen vorher aus ihrer Hülse herausgelöst werden, es macht ein kleines bisschen Mühe, aber es lohnt sich. Wenn Sie ersatzweise Pinienkerne verwenden, müssen diese kurz angeröstet werde.

Dieses Rezept hat meine Tochter Luisa erfunden – es ist mehr als ein Gaumenschmaus, es ist ein Geschenk der Natur. Danach wussten wir, dass wir ein Buch über wild wachsende Pflanzen verfassen werden.

Quark-Kräuter-Nocken

Zutaten:

400 g	Sauerampfer und Giersch, gemischt
350 g	Ricotta oder trockener Magerquark
150 g	geriebener Parmesan
3	Eier
	Salz, Pfeffer, Muskat
3 EL	Mehl
1 l	Brühe

1. Sauerampfer-Gierschmischung in einer Schüssel mit heißem Wasser übergießen, dann kurz abtropfen und klein hacken. Jetzt alles mit Ricotta, 3 El Parmesan, Eiern und Gewürzen vermengen.

2. Soviel Mehl zugeben, bis ein fester Teig entsteht. Mit zwei Teelöffeln aus dem Teig Nocken formen und in die kochende Brühe geben.

3. Wenn die Nocken an der Oberfläche auftauchen, mit dem Schaumlöffel herausnehmen und mit wenig Brühe und viel Parmesan servieren.

Sauerklee (Oxalis acetosella) enthält Oxalsäure und Vitamin C.
Die Blätter schmecken säuerlich, leicht nach Zitrone und man kann sie während der ganzen Vegetationszeit verwenden.

Suppe mit Oma's Einbrenne

Zutaten:

2-3 EL	Butter
2 EL	Mehl
1 l	Wasser
4	mittelgroße Kartoffeln, geschält und in Würfel geschnitten
2 Handvoll	Sauerklee
	Salz, Pfeffer, Muskat nach Geschmack

1. Butter in einem Suppentopf erwärmen, Mehl einstreuen, rühren, bis die gewünschte Farbe (dunkle oder helle Mehlschwitze) erreicht ist und mit dem Wasser aufgießen.
2. Kartoffelwürfel dazugeben und kochen, bis die Kartoffeln gar sind.
3. Den Sauerklee dazugeben, kurz mitkochen und würzen.

So einfach: Die Suppe kann auch püriert und mit einem Klecks Sahne im Teller serviert werden. Dazu ein Bauernbrot mit Frischkäse und Schnittlauch oben drauf.

Schafgarbe (Achillea millefolium) enthält bis zu 1% ätherisches Öl (Azulen), Gerb- und Bitterstoffe, Flavonoide, Essig-, Kaffee- und Äpfelsäure, Schleimstoffe, Kupfer, Kalium und diverse Vitamine.

Schafgarbensauce

Zutaten:

50 g	Schafgarbenblätter
1	Knoblauchzehe, klein geschnitten
1 kl.	Zwiebel, klein geschnitten
	Olivenöl
	Salz, Pfeffer, Muskat nach Geschmack
	Weißwein

1. Zwiebel und Knoblauch in Olivenöl dünsten.
2. Klein geschnittene Schafgarbenblätter dazugeben und kurz mitdünsten.
3. Mit Salz, Pfeffer und Muskat nach Belieben würzen, mit etwas Weißwein abschmecken.

Tipp: Schmeckt wunderbar mit Wildreis und Fisch.

Rührei mit Schafgarbe

Zutaten:

2 Handvoll	junge Schafgarbenblätter, ganz klein geschnitten
8	Eier
50 ml	Milch
	etwas Butter
	Salz und Pfeffer nach Geschmack

1. Die Schafgarbe kurz im Butter dünsten.
2. Eier und Milch verquirlen, würzen und zu der Schafgarbe in die Pfanne geben.
3. Das Ganze unter ständigem Rühren stocken lassen.

Tipp: Mit dunklem Bauernbrot oder Toast ein herzhafter Imbiss.

Spitzwegerich (plantago lanceolata) enthält 2-3% Glykoside, Schleimstoffe, Flavonoide, Saponine, Kieselsäure, Zink, Kalium, viel Vitamin C und B.

Spitzwegerich-Spaghetti

Zutaten:

½ l Gefäß	voll mit Spitzwegerich, klein hacken
2 EL	Olivenöl
	Salz, Pfeffer
1 kl.	Zwiebel, fein gehackt
25 ml	Weißwein
1 EL	Mehl
100 ml	Sahne
2 EL	Créme fraîche
500 g	Spaghetti
	geriebenen Parmesan oder Pecorino dazu servieren

1. Spaghetti al dente kochen und abgießen.
2. In Olivenöl Zwiebeln und Spitzwegerich andünsten, mit Mehl bestäuben, umrühren und mit Wein ablöschen.
3. Sahne dazugeben, kurz aufkochen und mit Créme fraîche verfeinern.

Tipp: Schmeckt wunderbar mit Wildreis und Fisch, auch zu Pasta und Polenta.

Bauerntortilla

Zutaten:

500 g	rohe Kartoffeln, in dünne Scheiben geschnitten
2 Handvoll	Spitzwegerich, Brennnesseln, Giersch, klein geschnitten
100 g	Mehl
4	Eier
¼ l	Milch
	Salz, Pfeffer, Muskat und Öl zum Braten

1. Ein Viertel der Kartoffelscheiben in Öl anbraten.
2. Mehl, Eier, Milch und Kräuter verrühren, mit Salz, Pfeffer, Muskat abschmecken.
3. Ein Viertel der Masse über die angebratenen Kartoffeln geben, 5 Minuten bei mittlerer Hitze braten, vorsichtig wenden und fertigbraten.
4. Mit den restlichen Kartoffelscheiben und dem Teig genauso verfahren.

Tipp: Dazu eine erfrischende Kräutercremesauce: Zwiebelwürfel und restliche Kräuter in Öl leicht anbraten, mit Schmand oder Cremé fraîche verrühren, mit Salz und Pfeffer abschmecken.

Veilchen (Viola odorata) enthält Saponine, das dem Asperin verwandte Methylsalicylat, Odoratin, Kalzium, Eisen, Vitamin A und Vitamin C. Die Pflanze stärkt das Immunsystem, lindert Husten und beruhigt den Blutdruck.

Veilchen-Tee "Frühlingserwachen"

Zutaten:

2 Handvoll	Veilchenblüten und einige Blätter
60 °C	heißes Wasser

1. Blüten und Blätter mit heißem Wasser aufgießen.
2. In einer geschlossenen Teekanne 6 Minuten ziehen lassen.

Zarter wohlschmeckender Frühlingsblütentee. Stärkt das Immunsystem, beruhigt und lindert Husten.

Tipp: Wenn Tee übrigbleibt, kann er kalt oder lauwarm als Gesichtswasser verwendet werden, lindert Hautunreinheiten.

Veilchen-Essig

Zutaten:

2 Handvoll   Veilchenblüten und einige Blätter
500 ml   weißer Balsamico-Essig

1. Blüten und Blätter in ein verschließbares Glas füllen.
2. Mit Essig auffüllen und 2 bis 3 Wochen an einen warmen hellen Ort stellen, hin und wieder schütteln.
3. Den Veilchen-Essig dann filtrieren und in schöne Glasfläschchen abfüllen. Von dem Zeitpunkt an lichtgeschützt aufbewahren, damit er seine wunderschöne violette Farbe beibehält.

Dieser Essig ist sehr fein und elegant im Geschmack.

Tipp: Eine wunderschöne und wertvolle Geschenkidee für gute Freunde.

Wildkräuter, die in freier Natur wachsen haben ein Vielfaches an Vitaminen, Mineralstoffen und heilenden Kräften, im Gegensatz zu gezüchteten Kräutern und Pflanzen. Die Wildpflanzen suchen sich in der Natur den besten Standort aus.

Quark mit Wildkräutern

Zutaten:

250 g	Quark (mind. Fettstufe 40%)
5 EL	gehackte Wildkräuter - je nach Jahreszeit und Geschmack variieren
	Salz und Pfeffer

1. Alle Zutaten vermengen und mit Salz und Pfeffer abschmecken.

Am Anfang der Kräutersaison gibt es den Kräuterquark mit viel Giersch und etwas tiefgefrorenen Kräutern vom Vorjahr. Später im Jahr bietet uns die Natur eine größere Vielfalt, wie z.B. Schnittlauch, Sauerampfer, Maggikraut, Löwenzahn, ...

Tipp: Zum Frühstück auf frischem Bauernbrot oder zu Pellkartoffeln servieren. Die herzhafte Variante wird mit einer durchgepressten Knoblauchzehe ergänzt und zu Pellkartoffeln gegessen.

Kräuterzauber

Wildgemüse-Eintopf

Zutaten:

1 Salatsieb	Wildgemüse, z.B. Schnittlauch, Bärlauch, Knoblauchrauke, Spitzwegerich, Sauerampfer, Schafgarbe, Zaungiersch, Brennnessel
5-6	Kartoffeln, geschält und gewürfelt
1	Zwiebel, geschält und gewürfelt
½ l	Brühe
etwas	Butter
	Sahne oder Milch zum Auffüllen

1. Kartoffeln und Zwiebel in wenig Butter andünsten, mit Brühe 30 Minuten kochen.
2. 10 Min. vor Ende der Garzeit Wildkräuter klein gehackt hinzugeben und leicht mitköcheln lassen.
3. Zum Schluss wird mit Sahne oder Milch aufgefüllt und abgeschmeckt.

Tipp: Dazu wird pro Person ein hart gekochtes Ei serviert.
Die bayerische Variante: Klein geschnittene herzhafte Würstchen oder angebratene Speckwürfel in den Eintopf geben und in Suppentellern servieren.

Eierflan mit Wildkräutern & Tomaten

Feine Vorspeise aus der Provence

Zutaten: etwas aufwendiger,
                                                                 gelingt leicht

8	Eier
150 ml	süße Sahne
8 EL	geriebener Käse (Greyerzer oder Comté)
1 TL	Butter für die Förmchen (8 Souffléförmchen ca. 7 cm Durchmesser)
500 g	geschälte, gewürfelte Tomaten
2 EL	Butter
2 EL	Zwiebeln, fein gehackt
	Salz, Pfeffer, 1 Prise Zucker
1	Knoblauchzehe
2 EL	frisch gehackte Wildkräuter (Petersilie, Giersch, Sauerampfer, Thymian, …)

1. Die Eier mit der Sahne schaumig schlagen und mit Käse mischen.
   In die ausgebutterten Souffléförmchen einfüllen und diese in eine Auflaufform stellen, die halbhoch mit heißem Wasser gefüllt ist. Bei 150 °C im vorgeheizten Backofen ca. 30 - 35 Minuten garen.
2. Zwiebeln in Butter anbraten, Tomaten zugeben bis alles zu einem Mus eingekocht ist. Mit Salz, Pfeffer, Zucker und der durchgepressten Knoblauchzehe abschmecken. In der restlichen Butter Kräuter aufschäumen lassen.
3. Flans auf vorgewärmte Teller stürzen, Tomaten außenherum verteilen, Kräutermischung auf die Flans geben und heiß servieren.

Grüner Smoothie (süß)

Zutaten:

1 Handvoll	Wildkräuter, klein geschnitten
1	Birne
1	Apfel
1 Tasse	Apfelsaft oder Wasser

1. Im Mixer alle Zutaten zu einem cremigen Mus verarbeiten.

Tipp: Smoothies können mit beliebigen Obstsorten hergestellt werden.
Falls Sie kein Obst zu Hause haben, mixen Sie einfach die Wildkräuter mit Apfelsaft oder Wasser und geben etwas Honig dazu.

Wilder Erdbeerzauber

Zutaten:

1 Handvoll	Wildkräuter, klein geschnitten
4 Blätter	Minze oder Zitronenmelisse
7-8	Erdbeeren
1 gr. Tasse	Apfelsaft (oder Wasser mit 1 TL Honig)
1 TL	Zitronensaft

1. Im Mixer alle Zutaten zu einem cremigen Mus verarbeiten, in Gläser füllen und mit Erdbeeren, Gänseblümchen oder Minze dekorieren.

Wilde Getränke sind absolute Vitaminbomben. Man spürt die Kraft förmlich, die in diesen Getränken steckt. Energie pur ohne Nebenwirkungen!

Tipp: Für ein eisgekühltes Sommergetränk die Erdbeeren vor der Zubereitung kurz in die Gefriertruhe geben. Mit Sekt aufgegossen wird der „Wilde Erdbeerzauber" zum Sommerhit.

Salat mit Wildkräutern

Zutaten:

3 EL	Olivenöl
1 EL	weißer Balsamico
1	Knoblauchzehe, durchgedrückt
1 TL	Senf
1 Schuss	Sahne (oder Créme fraîche)
1 Prise	Zucker oder etwas Honig
	Salz und Pfeffer
2-3 EL	gehackte frische Kräuter aus dem Garten (z.B. Petersilie, Thymian, Majoran, Basilikum, Maggikraut, Schnittlauch, …)
1 Salatsieb	Salatblätter (gemischt je nach Saison) und Wildkräuter (z.B. Löwenzahn, Sauerampfer, Spitz- oder Breitwegerich, Giersch, Kapuzinerkresseblätter), grob zerrupfen
	Für die Dekoration z.B. Gänseblümchen, Kapuzinerkresseblüten, Stiefmütterchen, Borretschblüten

1. Alle Zutaten für das Dressing verrühren.
2. Salat und Wildkräuter dazugeben und erst kurz vor dem Servieren untereinander heben.
3. Mit essbaren Blüten dekorieren.

Variationen: Geröstete Sonnenblumenkerne oder Kürbiskerne dazugeben. Fein geschnittene Karotten oder Apfelstückchen können auch in das Dressing gegeben werden.

Gelbe Rüben-Kartoffelpuffer mit Wildkräutern und Quark-Dip

Zutaten für die Puffer:

12	mittelgroße gelbe Rüben, gerieben
6	rohe Kartoffeln, gerieben
2	Eier, verquirlt
6-7 EL	Mehl zum Binden
	Salz, Pfeffer
1 Salatsieb	Wildkräuter der Saison, z.B. junge Löwenzahnblätter, Löwenzahnblüten, Gänseblümchenblüten, junge Brennnesselblätter, Bärlauch oder Schnittlauch, klein geschnitten
etwas	Rapsöl zum Braten

Ein paar Kräuter für den Dip zurückbehalten.

1. Die verquirlten Eier mit dem Mehl und den gelben Rüben mischen, Kräuter dazugeben.
2. Das überschüssige Kartoffelwasser abschütten und die Kartoffeln unter die Masse heben.
3. Mit Salz und Pfeffer würzen und erst jetzt die Gänseblümchen untermischen.
4. Kleine Puffer formen, im Öl leicht kross anbraten und dann bei kleiner Flamme garen lassen.

Zutaten für den Quark-Dip:

500 g   Quark
150 g   Naturjoghurt
         frisch gepresster Zitronensaft
         übrige Wildkräuter

1. Alle Zutaten verrühren und zu den Puffern servieren.

Oder: Als Beilage kann auch der Quark mit Wildkräutern oder die Grüne-Wildkräuter-Soße serviert werden.

Tipp: Gelbe-Rüben-Kartoffelpuffer eignen sich als Beilage zu Kurzgebratenem, dazu ist die Hälfte der Mengenangaben ausreichend.

Wildkräuterrolle mit Spargel

Zutaten für den Biskuitteig:

500 g	grüner Spargel
5	Eier, getrennt
1 TL	Zucker
1 TL	Salz
100 g	Weizenmehl, gesiebt
½ TL	Backpulver
	Pfeffer, gemahlen
½ Bund	Schnittlauch, in Röllchen schneiden

Zutaten für die Füllung:

300 g	Frischkäse
300 g	Quark (20%)
2 Handvoll	frische Wildkräuter, z.B. Sauerampfer, Dill, Löwenzahn, Bärlauch
300 g	geräucherter Lachs

1. Spargel im unteren Drittel schälen und der Länge nach halbieren. Backblech mit Backpapier auslegen.
2. Eiweiß anschlagen, Zucker, Salz zugeben und steif schlagen. Eigelb, Mehl gemischt mit Backpulver und Schnittlauch zugeben, vorsichtig unterheben.
3. Biskuitmasse auf dem Blech gleichmäßig verstreichen. Grünspargel parallel zur Längsseite auf den Teig legen, so dass die Schnittseiten nach oben liegen.
4. Blech im vorgeheizten Ofen, mittlere Schiene, auf 200 °C, ca. 12 Minuten backen.
5. Nach dem Backen Biskuitplatte vom Rand lösen, mit dem Papier auf ein Kuchengitter ziehen, mit feuchtem Tuch abdecken und abkühlen lassen.

6. Frischkäse, Quark und Wildkräutermischung untereinander rühren und Biskuitplatte damit bestreichen.
7. Mit Räucherlachs belegen, von der Länge her aufrollen und bis zum Servieren in den Kühlschrank stellen.

Bratkartoffeln mit Wildkräutern

Zutaten:

100 g	Speck, gewürfelt
1	Zwiebel, gehackt
1 Zehe	Knoblauch, gehackt
6	Kartoffeln, gekocht
1 Salatsieb	mit Giersch und Wildkräutern (alles was sie finden können, z.B. Löwenzahn,

Sauerampfer, Gundermann, Schafgarbe, Giersch, Brennnesseln, ...)
Salz und Pfeffer nach Geschmack

1. Speck, Zwiebeln und Knoblauch anbraten, Kartoffeln zugeben und rösten.
2. Die klein gehackten Wildkräuter zum Schluss dazugeben und ca. 1 Minute lang mitdünsten. Mit Salz und Pfeffer abschmecken.

Kartoffel-Wildkräuter-Pflänzchen

Zutaten:

1 kg	Kartoffeln
3-4 EL	Öl oder Butterschmalz
1	Ei
100 g	Mehl
50 g	geräucherter Fisch, fein geschnitten (oder geräucherter Schinken)
4 EL	fein gehackte Wildkräuter, je nach Jahreszeit (Giersch, Sauerampfer, Löwenzahn, Schnittlauch, Brennnessel)
	Salz, Muskatnuss frisch gerieben

1. Gekochte Kartoffeln durch die Kartoffelpresse drücken.
2. Mehl, Ei, Fisch, Wildkräuter, Salz und Muskat zu den Kartoffeln geben und gut durchkneten.
3. Den Teig zu einer dicken Rolle formen und in 1 ½ cm dicke Scheiben schneiden. Bei mittlerer Hitze Kartoffelküchlein von beiden Seiten goldbraun braten.

Tipp: Mit gemischtem Salat oder zu Sauerkraut mit Cidre (Apfelwein) servieren.
Zu den Kartoffel-Wildkräuter-Pflänzchen schmeckt die Sauerampfer-Hollandaise, der Wildkräuterquark oder selbst hergestellte Paprika-sauce.

Kartoffelpizza mit Wildkräutern

Zutaten für den Teig/Springform:

300 g	mehlig kochende Kartoffeln
2 EL	Olivenöl
	Salz
120 g	Mehl

Zutaten für den Belag/Springform:

400 g	klein gewürfelte Tomaten
1	Knoblauchzehe, fein gehackt
5 EL	fein gehackte Wildkräuter, je nach Jahreszeit und Geschmack (Giersch, Sauerampfer, Löwenzahn, Rucola, Brennnessel, Thymian)
3-4	Scheiben luftgetrockneter Schinken
150 g	geriebener Käse
1	Mozzarella (oder Ziegenkäse)

1. Gekochte Kartoffeln durch die Kartoffelpresse drücken, Olivenöl und Mehl zugeben und zu einem Teig verarbeiten.
2. Knoblauch in Olivenöl anbraten, Tomaten und die Wildkräuter dazugeben, mit Salz und Pfeffer abschmecken.
3. Tarte- oder Springform mit Olivenöl ausstreichen und mit Kartoffelteig auskleiden.
4. Tomatenmus darauf verteilen, mit Schinken belegen, Käse und Mozzarella darüber verteilen.
5. Im Backofen auf 220 °C ca. 30 Min. backen, bis der Teig leicht gebräunt ist. Die letzten 8 Min. mit frischem Löwenzahn und/oder Rucola belegen.

Tipp: Je nach Geschmack mit weiteren Zutaten belegen, wie schwarze Oliven und Sardellen, mit Pilzen und Peperoni, oder mit Artischockenherzen.

Knoblauch-Kartoffeln mit Wildkräutern

Zutaten:

1 kg	rohe Kartoffeln, in Würfel geschnitten
5-8	Knoblauchzehen, ungeschält
2 EL	gehackte Wildkräuter
8 EL	Olivenöl
	Salz, Pfeffer

1. Kartoffelwürfel und ungeschälte Knoblauchzehen in Olivenöl braten und öfter wenden, bis die Kartoffeln rundherum eine Kruste erhalten (ca. 15-20 Minuten).
2. Mit Salz und Wildkräutern bestreuen, kurz mitbraten, dann sofort servieren.

Tipp: Als Beilage zu gebratenem Fleisch oder mit frischen Tomaten ein komplettes Essen. Knoblauchzehen von der Haut entfernen und mitessen, schmecken sehr mild und zart.

Kräuterpfannkuchen

Zutaten für den Teig:

200 g	Mehl
4-5	Eier
375 ml	Milch
30 g	zerlassene Butter
5 EL	fein gehackte Wildkräuter, je nach Jahreszeit (Giersch, Sauerampfer, Löwenzahn, Schnittlauch)
	Salz

1. Mehl, Eier, Milch zu einem glatten Teig rühren.
2. Zerlassene Butter und fein gehackte Wildkräuter dazugeben.
3. Pfannkuchen ausbacken.

Tipp: Pfannkuchen rollen, kurz abkühlen lassen und in 1 cm dicke Scheiben schneiden. Kräuterringe als Einlage zur Karottencremesuppe servieren.

Pfannkuchen-Füllungen: Gekochter Schinken mit geriebenem Käse, gekochter Spargel mit Schinken und Sauce Hollandaise, Pilzfüllung, gedünstete Tomaten mit Mozzarella, Spinat und Schinken.

Quiche mit Quarkmürbeteig
und Wildkräutern

Zutaten für den Quarkmürbeteig:

250 g	Dinkelmehl
100 g	Butterstückchen
60 g	Quark (mind. Halbfettstufe oder Sahnequark)
50 ml	Wasser
1	Prise Salz
	(ideal ist eine Form mit 28 cm Durchmesser)

Zutaten für den Belag:

1 Salatsieb	Wildkräuter, klein geschnitten (z.B. Giersch, Löwenzahn, Schafgarbe, Sauerampfer, Spitzwegerich ...)
3	Eier
1 Becher	Sahne
125 g	Frischkäse
5 EL	geriebenen Käse (z.B. Emmentaler, Pecorino)
50-100 g	Speckwürfel
	Salz und Pfeffer nach Geschmack

1. Für den Teig Mehl, Salz, Butterstückchen, Quark und Wasser in eine Schüssel geben, einen Teig daraus kneten und auf einer bemehlten Fläche dünn ausrollen. In die gefettete Form legen und ca. 15 Minuten kühl stellen.
2. Wildgemüse mit wenig Wasser kurz dünsten, verquirlte Eier, Sahne, Frischkäse, geriebenen Käse und Speckwürfel unterrühren und würzen.
3. Die Masse auf dem Teigboden gleichmäßig verteilen und im Ofen bei 180 °C ca. 25 Minuten backen.

Tipp: Sollte etwas Teig übrig sein, einfach halbieren, zu zwei gleich großen Fladen ausrollen, auf einen Teil Kräuter und geriebenen Käse legen, den zweiten Teil darauflegen,
an den Seiten gut zusammendrücken und in heißem Olivenöl backen, bis beide Seiten
goldgelb sind.

Schmeckt sehr gut als Snack zu Wein oder mit grünem Salat als Hauptgericht.

Tomaten mit Wildkräutern

nach provenzalischer Art

Zutaten:

4	große Freilandtomaten
3 EL	Olivenöl
3	Knoblauchzehen
3 EL	gehackte Wildkräuter,
etwas	Petersilie
1 TL	Puderzucker
2 EL	geriebenes Brot,
	nach Belieben

1. Tomaten quer halbieren, mit Salz bestreuen und 10-15 Minuten liegen lassen. Dann mit der Schnittfläche nach unten die Flüssigkeit abtropfen lassen.
2. 2 EL Olivenöl erhitzen, Tomaten mit der Schnittfläche nach unten anbraten.
3. Mit der Schnittfläche nach oben in eine Gratinform hineinlegen und mit Öl bepinseln.
4. Die Mischung aus gehackten Wildkräutern, durchgepresstem Knoblauch, 1 TL Puderzucker, Salz, Pfeffer und 2 EL Semmelbrösel auf den Tomaten verteilen. Nach Belieben noch geriebenes Brot darüber geben.
5. Mit wenig Öl beträufeln und im heißen Backofen bei 220 °C backen bis die Tomaten Farbe annehmen und etwas zusammenfallen.

Tipp: Als feine Beilage zu gegrilltem Lamm oder als delikate Vorspeise mit Ziegenkäse überbacken.
Die toskanische Variante verwendet statt Puderzucker 3 EL Parmesan.

Schafskäse-Pesto mit Wildkräutern

Zutaten:

1 Packung	Schafskäse
½ l Gefäß	voll mit Wildkräutern (Giersch, Sauerampfer, Spitzwegerich, Petersilie, Brennnessel)
1 Handvoll	Pinienkerne, in der Pfanne leicht geröstet
1	Knoblauchzehe
100-150 ml	Olivenöl
50 g	geschmolzene Butter
	Salz, Pfeffer

1. 2/3 des Schafskäses mit dem Olivenöl pürieren.
2. Kräuter, Pinienkerne und Knoblauch dazu geben, noch mal pürieren.
3. Geschmolzene Butter und den Rest des Käses dazugeben und verrühren.

Tipp: Fein zu Teigwaren oder Kartoffeln mit Grillfleisch.

Speckknödel mit Wildkräutern zu Kohlrabigemüse

Zutaten für die Speckknödel:

6-7	altbackene Semmeln in Würfeln
¼ l	warme Milch (oder Wasser)
1	kleine Zwiebel, klein geschnitten
100-150 g	Speck, gewürfelt
1 kl. Schüssel	Wildkräuter, z.B. Giersch, Brennnessel, Schafgarbenblätter, Breitwegerich, wilder Majoran, oder was gerade so wächst, klein geschnitten
5	Eier
1 TL	Salz
2 l	Wasser zum Kochen der Knödel

Zutaten für das Kohlrabigemüse:

1	mittelgroßer Kohlrabi
etwas	Wasser
½ Becher	Sahne
2 EL	Mehl
	Salz, Pfeffer

1. Semmeln mit Milch übergießen.
2. Speck und Zwiebeln in der Pfanne andünsten, Kräuter kurz mitdünsten und zu der Semmelmasse geben. Eier und Salz dazukneten und 20 Minuten stehen lassen.

3. Kohlrabi klein schneiden und mit etwas Wasser im geschlossenen Topf ca. 15 Minuten dünsten. Nur soviel Wasser dazugeben, bis das Kohlrabigemüse knapp bedeckt ist.

4. Sahne, Mehl, Salz und Pfeffer mischen, zum Gemüse geben und gut verrühren.

5. Aus dem Semmelteig Knödel formen und in heißem Salzwasser kurz kochen, zurückschalten und 15-20 Minuten bei geöffnetem Deckel ziehen lassen, bis die Knödel oben schwimmen.

Tipp: Speckknödel können als Suppeneinlage verwendet oder wie hier zu verschiedenem Gemüse gereicht werden.

Falls Speckknödel übrig bleiben, können diese am nächsten Tag in der Pfanne geröstet und mit einer Brennnessel-Sauce (siehe Brennnesselrezepte) serviert werden.

Grüne-Wildkräuter-Sauce

Goethe`s Lieblingssoße

Zutaten:

3	hart gekochte Eier
1 TL	Senf
2 EL	Essig
3 EL	Öl
100 g	gemischte Wildkräuter, fein gehackt - ca. 2 Handvoll Kräuter, mind. 7 verschiedene Kräuter (Giersch, Sauerampfer, Kresse, Löwenzahn, Zitronenmelisse, Borretsch, Schnittlauch)
½	Zwiebel, fein gehackt
2 EL	Sahne oder Créme fraîche (nach Belieben)
	Salz, Pfeffer
1 EL	Kapern (können zusätzlich verwendet werden)

1. Eier halbieren, Eigelb mit der Gabel zerdrücken, Eiweiß fein hacken.
2. Eigelb würzen mit Salz, Pfeffer, Senf und Essig, mit Öl sämig rühren.
3. Kräuter und alle übrigen Zutaten dazugeben, das gehackte Eiweiß darunter mischen.

Tipp: Diese Sauce verwendet man zu Spargel, zu Lachsfilet in Butter gebraten, zu gekochtem Rindfleisch, zu Kartoffeln oder zur Fleischsülze.

Wildkräuter-Auflauf

Zutaten:

5-6	Kartoffeln, gekocht und in Scheiben geschnitten
50 g - 100 g	Speck, gewürfelt
1	Zwiebel, klein geschnitten
1	Knoblauchzehe, klein geschnitten
2 EL	Butter
1 Salatschüssel	Wildkräuter, klein geschnitten, z.B. Löwenzahn, Breitwegerich, Brennnesseln, Giersch ...
1 EL	Mehl
¼ l	Milch
150 ml	Sahne
100 g	würziger Käse
	Salz und Pfeffer

1. Speck, Zwiebeln und Knoblauch in 1 EL Butter andünsten und Wildkräuter dazugeben.
2. Aus Butter und Mehl eine helle Einbrenne anrühren, mit Milch und Sahne aufgießen, kurz aufkochen und die Kräutermasse dazugeben.
3. Die Kartoffeln in eine gefettete Auflaufform legen, die Kräuter-Sahne-Masse darauf schichten und mit dem Käse bestreuen. Bei 180 °C ca. 15-20 Minuten backen.

Tipp: Die Kartoffeln mit der Kräuter-Sahne-Masse mischen, in eine Auflaufform geben und mit Raclettekäse belegen. So lange backen, bis der Käse eine goldgelbe Kruste erhält.

Gefüllte Paprika vom Grill

Zutaten:

4 EL	Wildkräuter, fein gehackt
1 l	Gemüsebrühe
250 g	Polenta (Maisgrieß)
1	Knoblauchzehe, zerdrückt
4	große Paprika, entkernt und ausgehöhlt
1 EL	Parmesan

1. Gemüsebrühe aufkochen, die Wildkräuter, den Knoblauch und den Parmesan darunter mischen.
2. Polenta auf niedrigerer Temperatur unter ständigem Rühren in die Brühe rieseln lassen. Mit einem Holzlöffel noch mindestens 10 Minuten rühren.
3. Solange der Teig noch geschmeidig ist, sollte er gleich verarbeitet werden, da er beim Abkühlen eine feste Konsistenz erreicht.
4. Die Paprika mit der Masse füllen und grillen.

Tipp: Die gefüllte Paprika kann auch in Scheiben geschnitten portionsweise auf den Tellern angerichtet werden.

Wenn man eine größere Menge der Polentamasse vorbereitet, kann für einen weiteren Tag eine wunderbare Beilage hergestellt werden:

1. Die übrige Masse in einer länglichen Schüssel in Form bringen und abkühlen lassen. Im Kühlschrank ist die fertige Polenta einige Tage haltbar.
2. Bei Bedarf entnehmen, in Scheiben schneiden und in Butter oder Öl goldgelb anrösten.
3. Man kann auch Pecorino oder Parmesan darüber streuen.

Schmeckt sehr gut zu Geschnetzeltem, wie zu allen Gerichten mit Sauce oder mit grünem Salat als Hauptgericht.

Kräutermarinade

Zutaten:

100 g	frische Kräuter aus Wald, Wiese und Garten, z.B. Gundelrebe, Knoblauch-rauke, Brennnessel, Sauerampfer, Löwenzahn, wilder Majoran, Thymian
1-2	Knoblauchzehen
50-100 ml	Olivenöl
1 TL	Salz

1. Alle Zutaten mit 4 EL Öl pürieren.
2. Paste in ein Glas füllen und Olivenöl darüber gießen, so dass 1 cm Öl als Deckschicht über der Paste steht.
3. Hält im Kühlschrank mehrere Wochen.

Tipp: Geeignet zum Würzen und Verfeinern von Suppen, Saucen und Gerichten.

Vorschläge: Einen frischen Ziegenkäse mit der Gabel zerdrücken, mit 3-4 EL Kräuter-marinade, einer fein gehackten Schalotte, etwas Thymian, ein paar Tropfen Olivenöl und Cognac mischen. Mit selbst gebackenen Wildkräuter-Brötchen servieren.

Wildkräuter-Brötchen

Zutaten für kleine Partybrötchen:

1 kl. Schüssel	Brennnessel und Giersch (oder andere Kräuter)
¼ l	Milch oder Buttermilch
500 g	Mehl
½ TL	Salz
1 Päckchen	Backpulver
100 g	Butter

Formt man größere Brötchen oder ein Baguette muss ein Ei zugegeben werden.

1. Brennnesseln und Giersch grob zerkleinern und mit Milch pürieren.
2. Mehl, Salz, Backpulver, Butter und die pürierten Kräuter mischen und zu einem geschmeidigen Teig kneten.
3. Kleine Brötchen formen und auf einem mit Backpapier belegten Blech im Ofen bei 200 °C ca. 20-25 Minuten backen.

Tipp: Mischt man in Butter gedünstete Zwiebelwürfel unter den Teig, erhalten die Brötchen eine würzige Note. Sollen die Brötchen lockerer werden, dann kann man das Backpulver durch Hefe (siehe Packungsangabe) ersetzen.

Eine würzigere Variante erhalten Sie durch Zugabe von Anis, Koriander oder Brotgewürzmischungen.

Wildkräutersuppe

Frühlingssuppe

Zutaten:

120 g	verschiedene Kräuter, grob geschnitten (Löwenzahn, Kerbel, Petersilie, Giersch, Schnittlauch, Sauerampfer, Kresse, Brennnesselblätter)
1 l	Gemüsebrühe
30 g	Butter
20 g	Mehl
	Salz, Pfeffer
	Muskat
200 g	Sahne
20 g	kalte Butter

1. Kräuter in kochende Brühe geben, 2 Minuten blanchieren, dann mit dem Mixer pürieren.
2. Aus Mehl und Butter eine helle Einbrenne anrühren, mit Kräuterbrühe aufgießen und mit Salz, Pfeffer und Muskat würzen.
3. 5 Minuten kochen, dann Sahne und Butter darunter rühren.

Tipp: Mit gerösteten Brotwürfeln als Einlage servieren.
Die Wildkräuter können auch durch Spinat und Brennnesselblätter ersetzt werden.

Kräuterwürzpaste

Zutaten:

- Liebstöckel (Maggikraut) - reichlich und fein geschnitten
- Petersilie, glatt - reichlich und fein geschnitten
- gelbe Rüben - sehr kleine Würfel
- Sellerieknolle - sehr kleine Würfel
- rote Peperoni - klein geschnitten
- Knoblauch - fein gehackt
- Zitronenschale (Bio!)
- evtl. ein wenig Ingwer
- Salz, etwas Pfeffer
- mit reichlich Olivenöl bis zum oberen Rand des Glases auffüllen

Tipp: Diese Paste ist eine Delikatesse und eignet sich wunderbar für Aufstriche oder als Gewürz für Suppen und Soßen, auf Braten oder auf Fisch.
Als kleinen Snack die Paste auf Weißbrot streichen und mit Käse überbacken.

Kräutersalz mit Wildkräutern

Zutaten:

Steinsalz, unraffiniert
Brennnesselblätter
Bärlauch
wilder Majoran (Dost)
Petersilie
Schnittlauch
Rosmarin
Holunderblüten
Schafgarbe
Thymian, Zitronenthymian
Ringelblumenblüten
Kornblumen
Gundelrebe
Knoblauchrauke
Estragon

1. Kräuter über das Jahr hinweg sammeln und trocknen.
2. Kräuter im Mörser zerkleinern und mit dem Salz gut durchmischen.

Die Mischung sollte mindestens 30 % Kräuter enthalten.

Tipp: Die Zutaten sind variabel und austauschbar. Gewürze wie Rosmarin oder Estragon sind sehr intensiv und sollten vorsichtig abgeschmeckt werden.
Jede Kreation bekommt ihre persönliche Note.

Kräuteröl

Zutaten:

3/4 l	Olivenöl, Rapsöl oder Leinöl
4-5 EL	Kräuter wie z. B.
	Lorbeerblatt
	Zitronenthymian
	Knoblauchrauke
	Rosmarin
	Estragon

1. Kräuter zerzupfen. 6 EL Olivenöl in eine Schüssel geben und im Wasserbad erhitzen. Kräuter hineingeben und solange darin lassen, bis die Kräuter schlapp werden.
2. Nach dem Abkühlen mit dem restlichen Olivenöl mischen, in eine Flasche füllen, gut verschließen und mindestens 4 Wochen ziehen lassen.

Vorschläge: Für ein Pfefferschotenöl benötigt man 5 rote, scharfe, getrocknete Chilischoten und 1 kleines Lorbeerblatt auf die gleiche Menge Öl wie oben angegeben. Chilischoten längs halbieren und Kerne herauskratzen. Chilischoten, Lorbeerblatt und Olivenöl in ein Gefäß abfüllen, gut verschließen und 3-4 Wochen ziehen lassen.

Kräuterzauber

Kleines Nachschlagewerk

„Deine Nahrung soll deine Medizin sein."

(Hippokrates)

Bärlauch (Allium ursinum)

Als eine der ersten Pflanzen im Frühjahr findet man den Bärlauch. Gerade zur richtigen Zeit, denn der Körper sehnt sich nach frischem Grün und benötigt ganz dringend Vitamine und Nährstoffe. In der Naturheilkunde wurde er schon immer als Heilpflanze genutzt, da er antibakterielle und antivirale Eigenschaften besitzt. Er wirkt blutreinigend, regt den Stoffwechsel an und hilft bei Frühjahrsmüdigkeit. Sogar bei zu hohen Cholesterinwerten und bei Herz- und Kreislauferkrankungen wird Bärlauch empfohlen und in der Medizin eingesetzt.

Homöopathisch wird er mit anderen Kräutern zum Ausleiten von Schwermetallen verwendet. Somit ist der Bärlauch ideal für jede Frühjahrskur.

Besonders bei Erkältungen und Magen-Darm-Erkrankungen wirkt er wahre Wunder.

In der Traditionellen Chinesischen Medizin wird die Pflanze für Lungen- und Dickdarmbeschwerden und zur Wundheilung genutzt.

Kräuterpfarrer Künzle empfiehlt den Bärlauch in seinem Buch folgendermaßen: „Man zerschneidet den Bärlauch und gibt ihn massenhaft in die Suppe und in Salate. Er reinigt den ganzen Körper, treibt kranke, verhockte, giftige Stoffe aus dem Leib und macht gesundes Blut. Ewig kränkelnde Leute mit Flechten, unreiner Haut, Mehlgesichter und Rheumatische sollten den Bärlauch verehren wie Gold."

Bevor der Bärlauch blüht, könnte man die Blätter mit dem giftigen Maiglöckchen verwechseln. Allerdings ist Bärlauch leicht an seinem starken Knoblauchgeruch zu erkennen. Man reibt einfach ein Blatt zwischen den Fingern und der intensive Geruch ist unverkennbar.

Brennnessel (Urtica dioica)

Die Brennnessel ist eine großartige Heil-pflanze, sie ist die Königin der Kräuter und für uns die hervorragendste Heil-pflanze überhaupt.

Da die Brennnessel schon im Frühjahr zu finden ist, eignet sie sich sehr gut für eine Frühjahrskur.

Als Tee oder Suppe kann eine vierwö-chige Kur bei rheumatischen Beschwer-den, bei Verdauungsleiden und Gal-lenerkrankungen als sehr wohltuend empfunden werden.

Wichtig ist, dass zusätzlich viel Wasser getrunken wird, um die gelösten Gift-stoffe auszuspülen.

Durch die harntreibende Wirkung hilft sie bei Nierenleiden. Die Brennnessel wirkt blutreinigend, entgiftend und wird zur Erhöhung der Enzymproduktion der Bauchspeicheldrüse und bei Blutarmut empfohlen.

Die Brennnessel kann das ganze Jahr über gesammelt werden. Im Frühjahr schmecken die jungen Triebe allerdings am besten. Später, im Sommer und Herbst, wird empfohlen nur noch die Triebspitzen zu ernten.

Sie kann auch gut getrocknet werden. Im Winter wird das getrocknete Kraut als Tee oder Gewürz verwendet. Die ge-pulverten Blätter eignen sich sehr gut für Kräutersalzmischungen.

Viele bekannte Kräuterkundige empfeh-len die Brennnesseln.

Zum Beispiel schreibt Hildegard von Bin-gen: „Als Gemüse nützt sie dem Men-schen, weil sie den Magen reinigt und ihm den Schleim nimmt, man soll sie aber auf keinen Fall roh essen."

Laut Maria Treben „kann sich niemals Bösartiges bilden, wenn wir in regelmä-ßigen Abständen uns ihre wunderbare Kraft in Form von Tee einverleiben".

Kräuterpfarrer Künzle antwortet auf die Frage, warum die Brennnessel sich gegen das Pflücken wert: „Wenn die Brennnessel keine Stacheln hätte, wäre sie schon längst ausgerottet worden, denn sie gehört zweifelsohne zu den genialsten und vielseitigsten Heilpflanzen". Pfarrer Künzle hat ihr sogar ein ganzes Buch gewidmet.

Rudolf Steiner bezeichnet sie als „die größte Wohltäterin des Pflanzenreichs", weil sie als Suppe, Spinat, Brotaufstrich, als Tee zur Körperreinigung, als Dünger oder als Brennnesseljauche im Garten so viele Anwendungsmöglichkeiten wie sonst fast keine andere Heilpflanze hat.

„Die Brennnessel ist ganz unscheinbar,
hilft bei allerlei Beschwerden,
sie wächst für uns das ganze Jahr,
kann überall gefunden werden.

Reinigt unser Blut ganz schnell
von einer Tasse Tee nur täglich,
die Augen leuchten wieder hell –
die heilende Brennnessel macht`s möglich."

(Verfasser unbekannt)

Gänseblümchen (Bellis perennis)

Früher galt das Gänseblümchen als Allheilkraut bei Husten, Verstopfung, Hautkrankheiten und Wunden. Auch zur Anregung des Stoffwechsels und bei Leberleiden wurde das Gänseblümchen eingesetzt.

Eine alte Volksweisheit besagt: „Wer die ersten drei Gänseblümchen im Frühjahr isst, wird das restliche Jahr von Zahnschmerzen, Augenbeschwerden und Fieber verschont".

Heute gilt es als wichtiges Mittel bei Prellungen, Quetschungen, Blutergüssen,

Verstauchungen, Muskelschmerzen, sowie bei Akne und zur Wundheilung in Form von Umschlägen.

Das Gänseblümchen passt in jeden Tee. Auch in Salate oder Gemüsezubereitungen kann das ganze Kraut und die Blüten gegeben werden. Die Blüten sehen sehr dekorativ aus und bereichern allein schon dadurch jedes Essen.

Die Blütenknospen können als falsche Kapern in Essig eingelegt werden.

Somit ist die blühende Pracht in den Wiesen nicht nur wunderschön anzuschauen, sondern die Natur schenkt uns damit Wohlbefinden und Gesundheit.
Es liegt an uns, das Angebot zu nutzen.

Giersch, Zipperleinskraut, Heckenmus, Geißfuss (Aegopodium podagraria)

Giersch wirkt abführend, antirheumatisch, entzündungshemmend, beruhigend, harnsäurelösend und verdauungsanregend. Man verwendet Giersch besonders bei Gicht und Rheuma, sowie bei Blasenentzündung, Durchfall, Hämorrhoiden, Übergewicht und Wunden. Er wächst voller Energie und ist im Garten fast nicht auszurotten und gibt so, wie Wolf-Dieter Storl so treffend erklärt, „seine unendliche Energie an den Essenden weiter".

Auch der Kräuterpfarrer Kneipp schreibt über den Giersch: „Giersch ist ein

Gichtheiler, der Helfer bei allen Gelenk-
schmerzen und stärkt mit seiner unbän-
digen Lebenskraft unser Durchhaltever-
mögen".

Die beste Erntezeit ist im Frühling, wenn
er noch jung und zart ist.

Seine Blätter geben jedem Salat eine
würzige Note und erinnern geschmacklich an Petersilie. Später wird sein Geschmack intensiver und nicht jeder mag
den Giersch dann noch roh essen. Im
Gemüse oder in der Suppe jedoch kann
er das ganze Jahr über verwendet werden. Man kann den Giersch auch mit
anderen Kräutern mischen, so dass sich
neue, besondere Geschmacksnoten ergeben. Die Mischung von Giersch und
Brennnesseln finden wir geschmacklich
sehr interessant - jede Mischung hat
ihre eigenen Anhänger.

Die meisten Menschen kennen den
kraftvollen Giersch nur als Unkraut
und deshalb wird er mit aller Macht
bekämpft. Wolf-Dieter Storl schreibt in
seinen Büchern: „Essen sie das Unkraut
einfach auf und stärken sie damit ihr
Wohlbefinden."

Die Gundelrebe, Gundermann (Glechoma hederacea)

heißt auch Bundräbli, Eichefeu,
Soldatenpetersilie, Kitzkräutli, Heilrauf,
Erdkränzlein oder Zaungucker.

In der Traditionellen Chinesischen Medizin wird die Pflanze zur Behandlung
bei Störungen des Dickdarms, der Blase
und der Lunge eingesetzt.

Volksmedizinisch hat die Gundelrebe
eine große Bedeutung bei der Behandlung von Bronchial- und Harnwegser-
krankungen, bei Eiterungen und zur Anregung des Stoffwechsels.

Die enthaltenen Saponine stimulieren
die Schweißdrüsen und regen damit die

Entgiftung über die Haut an.

Interessant ist, dass die Gundelrebe gerne an verunreinigten Orten wächst, weshalb man den Platz auf Verunreinigung kontrollieren sollte. Die Gundelrebe entgiftet nicht nur den Körper, sie reinigt auch den Boden.

Die Blätter sind sehr aromatisch, die Blüten schmecken dagegen süß.

Da das Aroma sehr kräftig ist, eignet sich die Pflanze hervorragend als Würzmittel.

Man kann sie frisch in jedem Auflauf oder in Suppen verwenden. Damit auch im Winter genügend Würzmittel in der Küche vorhanden sind, trocknen wir die Gundelrebe und legen sie in schöne Gewürzbehälter. Der Ehrenpreis ist optisch der Gundelrebe sehr ähnlich, hat statt lila Blüten hellblau-weiße Blüten, und ist auch eine heilbringende Gewürzpflanze.

Holunder (Sambucus nigra)

Große Bedeutung wird dem Holunder bei der Aktivierung der körpereigenen Abwehrkräfte zugeschrieben.

Man verwendet die Blüten als Tee zum Schwitzen und gegen Infektionskrankheiten, als Blutreinigungsmittel bei Hautunreinheiten und schlechtem Körpergeruch. Bei Rheuma und Gicht benutzt man die Blüten, aus den Blättern und der Rinde wird Tee hergestellt.

Die Blüten schmecken sehr gut in sommerlichen Getränken, als Gelée oder auch als Holunderküchle in der Pfanne gebacken.

Die Blüten sammelt man bei schönem

Wetter, da sie bei Regen sehr schnell abfallen. Zum Trocknen legt man die Blüten am besten auf ein mit Stoff bespanntes Holzgerüst an einen dunklen, luftigen Ort, weil dann Luft von oben und unten an die Blüten kommen kann. Wenn die Blüten goldgelb bleiben und angenehm duften, dann ist ihre Heilkraft erhalten geblieben.

Werden die Blüten in der Sonne getrocknet, verlieren sie hochwertige Inhaltsstoffe und somit ihre Heilkraft. Das gilt übrigens für alle Blüten.

Die Beeren werden in der Volksmedizin bei Ischias- und Nervenschmerzen eingesetzt. Beeren und Saft wirken antioxidativ und stärken das Immunsystem.

Holunder ist ein Kraftbaum, der Energie spendet. Der Saft der Beeren ist ein bewährtes Mittel gegen Erkältungskrankheiten.

Holunderbeeren dürfen nur geerntet werden, wenn sie ganz reif sind. Rohe Beeren können Übelkeit und Durchfall hervorrufen. In den rohen Beeren ist ein giftiger Stoff enthalten (Sambunigrin), der durch Erhitzen unschädlich gemacht wird.

Holunder- und Apfelsaft gemischt schmeckt übrigens wunderbar.

Knoblauchrauke (Alliaria petiolata), Lauchhederich, Lauchkraut

Knoblauchrauke wird bei Katarrhen der Atemwege, Asthma und als Gurgelmittel verwendet. Sie wird bei Wurmbefall eingesetzt und wirkt antibakteriell und keimtötend.

Die Pflanze unterstützt die Verdauung, stärkt das Immunsystem, wirkt harntreibend und blutreinigend.

Äußerlich wird die Pflanze als Breiumschlag bei eiternden Wunden und Insektenstichen aufgetragen.

Knoblauchrauke wird bei Antriebslosigkeit und Frühjahrsmüdigkeit empfohlen, auch wenn sich energetisch zu viel angestaut hat.

Die Knoblauchrauke mit ihrem feinen Knoblaucharoma kann im Frühling frisch in Kartoffelpürees, Quark-, Joghurt- oder Frischkäseaufstrichen, in Kräutersoßen oder Suppen verwendet werden.

Als Presssaft oder im Smoothie wird die reinigende Heilkraft sehr geschätzt.

Mit ihren herzförmigen, gezähnten und gestielten Blättern erinnert die Knoblauchrauke ein bisschen an die Brennnessel. Ihren Namen verdankt die Knoblauchrauke dem leichten Knoblaucharoma ihrer Blätter. Wenn man sie zwischen den Fingern zerreibt kann man die Pflanze leicht am Knoblauchduft erkennen. Die Samen schmecken durch die enthaltenen Senföl-Glykoside leicht scharf und knoblauchartig.

In der Küche rundet die Knoblauchrauke jedes Gericht durch den knoblauchartigen Geschmack ab, allerdings ohne Mundgeruch auszulösen, denn dazu ist das Knoblaucharoma zu gering.

Die Grüne Minze, auch Pfefferminze (Mentha piperita)

Die Heilpflanze wirkt als Tee beruhigend auf Magen, Darm und stärkt die Psyche. Minze steigert die Produktion der Gallensäfte, das ätherische Öl hat eine antibakterielle Wirkung und ist somit ein Antibiotikum ohne Nebenwirkungen.

Als Tee mögen wir gerne Minze mit Brennnesseln gemischt. Gibt man dann noch etwas Johanniskraut dazu, bekommt man einen Tee, der bei trübem Wetter oder bei seelischem Tiefpunkt sehr aufmunternd sein kann.

Die Pflanze wuchert im Garten und kann großzügig verwendet werden.

Nicht nur Tee, auch jeder Salat erhält durch die Minze eine besondere Note. Da sie sehr intensiv im Geschmack ist, empfiehlt es sich, zuerst mit wenigen Blättern zu experimentieren.

Der Sprizz, ein Sommer-Aperitif (siehe Rezept Holunderblüten) wurde zum Sommer-Hit, weil er erfrischend, durststillend und mit wenig Alkohol für jede Party geeignet ist.

Wir sind überzeugt, dass die gute Laune beim Sprizz-Trinken nicht von dem bisschen Sekt kommt, sondern von der aufhellenden Wirkung der Minze.

O, große Kräfte sind`s,
weiß man sie recht zu pflegen,
die Pflanzen, Kräuter, Stein
in ihrem Innern hegen.
(Shakespeare)

Wiesenlabkraut (Galium mollugo)
Klettenlabkraut (Galium aparine)
Die Heilpflanze wirkt als Tee beruhigend auf Magen, Darm und stärkt die Psyche. Das Labkraut hat den Ruf, die Lebensgeister zu wecken.

In der Volksheilkunde wird Labkraut zur Entschlackung und Anregung der Nierentätigkeit und des Lymphflusses verwendet. Früher wurde es sogar bei Geschwüren und Krebs eingesetzt.

In der modernen Kräuterkunde wird das ganze Kraut frisch oder getrocknet als Entzündungshemmer, bei Drüsenschwellungen, gegen Hautkrankheiten und bei Schlaflosigkeit verwendet.

Die Blätter können in Gemüsesuppen und Salate gegeben werden, aus getrockneten Blättern wird Tee gebraut.

Jede Suppe wird mit Labkraut aufgewertet und zur Kraftbrühe erhoben.

Mit den getrockneten oder gerösteten Früchten des Labkrauts kann ein Kaffeeersatz hergestellt werden.

Die Traditionelle Chinesische Medizin verwendet das Labkraut für Leber, Galle und Blase.

Das Labkraut kann das ganze Jahr über gesammelt werden.

Steckt man einen Zweig in eine frische, unbehandelte Milch, gerinnt sie nach ein bis zwei Tagen. Somit kann Dickmilch ganz leicht hergestellt werden. Früher wurde auf den Almen unter anderem mit dem Labkraut Käse hergestellt.

Eva Aschenbrenner empfiehlt das Klettenlabkraut zu einem Kranz zu binden und als Strahlenschutz unter das Bett oder auf den PC zu legen.

Bereits im Mittelalter, wahrscheinlich sogar schon früher, wurde das Labkraut von Hebammen sehr geschätzt. Um die Geburt zu erleichtern, wurde es den Frauen ins Bett gelegt. In christlichen Legenden wurde das Labkraut als „Bettstroh unserer lieben Frau" bezeichnet.

Auch heißt es, Maria legte das Kraut als weiches Polster dem Jesuskind in die Wiege. Andere Legenden berichten, Maria habe das „Bettstroh" nur genommen, weil der Esel dieses Kraut nicht frisst. Interessant ist, dass Kühe Labkraut gerne fressen, aber Esel das Labkraut tatsächlich nicht mögen.

Gegen das, was man im Überfluss hat,
wird man gleichgültig,
daher kommt es, dass viele hundert Kräuter
für wertlose Unkräuter gehalten werden,
anstatt dass man sie beachtet,
bewundert und gebraucht.

(Pfarrer Kneipp)

Löwenzahn (Taraxacum officinale)
enthält acht mal mehr Vitamin C als Kopfsalat.

Aufgrund seiner Inhaltsstoffe wirkt der Löwenzahn harntreibend und hilft bei Nierenleiden. Er regt Galle und Leber an und somit auch die Verdauung. Löwenzahn wird bei Hautkrankheiten und Appetitlosigkeit eingesetzt, auch zur Verbesserung des Blutbildes eignet sich Löwenzahn hervorragend.

Er wirkt gegen Frühjahrsmüdigkeit und wird auch als Kur zur Gallen- und Leberreinigung verwendet. Bei Hautjucken, Flechten und Ausschlägen ist eine 14-tätige Löwenzahnkur zu empfehlen.

Maria Nestler schreibt in ihrem Buch „Kräuter, Stein und Gottes Segen", dass Löwenzahnwurzeln der „Ginseng" für unsere Breitengrade sind. Sie können roh gegessen, als Tee aufgebrüht oder zu Suppen und Gemüsegerichten gegeben werden.

Die Blüten zu einem Gelée verarbeitet schmecken ähnlich wie Honig und werten jedes Frühstücksbuffet auf, siehe Rezept Löwenzahnblütengelée.

Die Löwenzahnblätter sind von März bis Juni eine Delikatesse in jedem Salat und stärken durch das viele Vitamin C, sowie auch der anderen Inhaltsstoffe unser Immunsystem.

Als Tee wirkt Löwenzahn entwässernd und dadurch entgiftend, bei Rheuma lindert er die Schmerzen.

Wolf-Dieter Storl erwähnt Löwenzahn, außer als Heilkraut, auch als einen wichtigen Gartenhelfer, der z.B. zwischen den Erdbeeren deren Reifung unterstützt.

Löwenzahn ist eine sehr vielfältige und absolut wertvolle Pflanze für uns Menschen.

Melde (Chenopodium album agg.)

Die Pflanze ist als Heilpflanze nicht sehr bekannt, obwohl der Tee entzündungshemmend wirkt.

Die Melde enthält östrogenähnliche Substanzen und soll Wechseljahresbeschwerden lindern. In der Naturheilkunde werden die Saponine zur Behandlung von Atemwegserkrankungen genutzt. Äußerlich wurde früher in der Volksheilkunde ein Absud aus Melde bei Sonnenbrand, Gelenkentzündungen, Ekzemen und geschwollenen Füßen auf die verletzten Stellen aufgetragen. Im Samen finden sich viele Mineralstoffe und Vitamin B³.

Die Melde wurde früher wie Spinat verwendet.

Sie ist leicht zu erkennen, da junge Meldepflanzen aussehen, als wären sie mit Mehl bestäubt worden, weshalb die Melde auch weißer Gänsefuß genannt wird. Da sie früher als Gemüse angebaut wurde, wächst sie heute überall wild auf nährstoffreichen, trockenen Standorten. Sie schmeckt jung in jedem Salat und hat einen sehr feinen Geschmack. Die Melde passt in jedes Wildkräutergericht und gibt Omeletts, Spätzle oder Nocken eine intensive grüne Farbe. Auch die Blütenknospen und Blüten sind essbar. Sie schmecken wie Nüsse und verfeinern Frischkäse, Salat, Quark und jeden Brotbelag.

Auch ältere Pflanzen können gut in Wildkräutergerichten verwendet werden, da der Geschmack lediglich intensiver wird. Allerdings verwendet man dann am besten nur noch die Blätter.

Salbei (Salvia officinalis)
Wiesensalbei (Salvia pratensis)

wurde im Mittelalter von Mönchen über die Alpen gebracht. Der Name Salvia stammt vom lateinischen Wort salvare für heilen. Schon bei den Ägyptern galt der Salbei als Heilpflanze.

Sie wandten ihn gegen viele Krankheiten an, unter anderem gegen Unfruchtbarkeit, gegen Potenzprobleme und das Altern.

Salbei ist virenhemmend, pilztötend und antibakteriell. Er wird bei Halsschmerzen als Kräutertee oder gegen übermäßiges Schwitzen verwendet. Salbeitee kann mit oder ohne Honig getrunken werden, er wirkt immer immunstärkend. Salbei wirkt auch bei Magen- und Darmschmerzen lindernd und wird gerne nach einer Antibiotika-Therapie eingesetzt.

Da das Blatt östrogenhaltig ist, lindert es als Tee Menstruations- und Wechseljahresbeschwerden.

Heilend wirken neben den Ölen auch die Gerbstoffe (Tannine).

Salbei wirkt günstig auf das Gehirn, die Augen, Drüsen und Nerven und steigert die Konzentration. Die Heilwirkung von Inhaltsstoffen dieser Pflanze wurde im Jahre 2008 in Untersuchungen am Dt. Krebsforschungszentrum Heidelberg an mehreren Tumorzelllinien bestätigt.

Hildegard von Bingen schreibt folgendes über den Salbei. "Salbei ist warm und trocken. Er ist nützlich gegen die kranken Säfte. Roh und gekocht ist er gut für den, den schädliche Säfte plagen."

Auch Pfarrer Kneipp empfahl den Salbei und nannte ihn „Lebenselixier".

Ein Jungbrunnen ohne Nebenwirkungen!
(Pfarrer Kneipp)

tige Note. Der Sauerampfer schmeckt etwas zitronensäuerlich und erfrischt dadurch jeden Sommersalat.

Er ist der ideale Begleiter für Fisch, wie Lachs, Makrele oder Forelle und wird gerne zusammen mit Spinat als Gemüse zubereitet.

Wenn der Sauerampfer gekocht wird, lässt der zitronensäurliche Geschmack etwas nach und das Blatt verfärbt sich braun.

Wichtig: Garen Sie Sauerampfer niemals in Aluminiumtöpfen, da die in den Blättern enthaltene Säure Aluminium angreift und sich giftige Stoffe bilden können.

Sauerampfer (Rumex acetosa L.)

In der Volksmedizin wird Sauerampfer zur Blutreinigung und als harntreibendes Mittel vor allem im Frühjahr eingesetzt. Die Pflanze stärkt das Immunsystem und hat verdauungsfördernde Eigenschaften.

In Wasser und Wein gekocht, ist er bei Frauenleiden zu empfehlen. Als Tee dient er zur Blutreinigung.

Sauerampfer kann roh in allen Salaten verwendet werden. Der hohe Gehalt an Vitamin C und Eisen vertreibt die Müdigkeit.

Die Heilpflanze gibt durch ihr saures Aroma vielen Gerichten eine einzigar-

Sauerklee (Oxalis acetosella)

Sauerklee wird in der Homöopathie heute noch bei Leber- und Gallenleiden eingesetzt. Bei einer allgemeinen Stoffwechselschwäche wirkt Sauerklee anregend.

Sauerklee wurde früher zur Vermeidung von Skorbut eingesetzt.

Die Blätter schmecken säuerlich, leicht nach Zitrone und man kann sie während der ganzen Vegetationszeit verwenden.

Der Sauerklee hat einen hohen Vitamin C Gehalt und schmeckt sowohl roh als auch in Suppen.

Sauerklee wächst vorwiegend im Wald und bildet große Flächen.

Schafgarbe (Achillea millefolium)

Die Schafgarbe wirkt entzündungshemmend bei Magen- und Darmproblemen, beruhigend, blutreinigend und allgemein kräftigend. Die Volksheilkunde berichtet über Heilerfolge bei Nierenerkrankungen, Hämorrhoiden, Durchblutungsstörungen des Herzens und bei Nerven-, Kopf- und Zahnschmerzen.

Die Bitterstoffe fördern die Gallensekretion und lindern chronische Lebererkrankungen.

Volksmedizinisch gilt die Schafgarbe als Heilkraut für Frauen. Bei vielen Frauenkrankheiten, bei Menstruationsbeschwerden, bei Verkrampfungen und

Verspannungen der Muskulatur und im Bindegewebe des ganzen Unterleibs ist die Schafgarbe ein sehr gutes Heilmittel. Pfarrer Kneipp sagte schon:„Viel Unheil bliebe den Frauen erspart, würden sie zur Schafgarbe greifen."

Wenn man die Blätter zwischen den Fingern reibt, hat die Schafgarbe einen angenehmen Duft. Im Tee geben Blätter und Blüten eine gute Geschmacksnote. Auch im Kräutersalz bereichert der Duft der Schafgarbe das Würzmittel.

Die Schafgarbe in ein Kräuterkissen gefüllt, fördert sogar den Schlaf.

Millefolium im botanischen Namen heißt so viel wie „Tausend Blättchen"- wenn man sich die feinen Blätter der Schafgarbe ansieht, weiß man warum. Das Wort „Garbe" kommt aus dem Altdeutschen und bedeutet so viel wie „gesund machen". Die Schafhirten gaben ihren Schafen Schafgarbe zu fressen, denn es half den Schafen gegen Würmer. Und nicht nur den Schafen half die Pflanze, auch den Hirten selbst. Sie nahmen die Schafgarbe gegen Verdauungsbeschwerden, bei Blutungen und Verwundungen oder auch vorbeugend gegen eine Erkältung.

Der Spitzwegerich **(Plantago lanceolata)** hat die gleichen Inhaltsstoffe und Heilwirkungen wie der Breitwegerich.

Spitz- und Breitwegerich enthalten natürliche Antibiotika.

Bei Husten, Heiserkeit, Bronchialkatarrh und Verschleimung wird der Wegerich-Tee in der Volksheilkunde mit Honig oder Kandis gesüßt verwendet. Ungesüßt hilft er gegen Magen-, Darmkatarrh und Durchfall, zur entschlackenden Blutreinigungskur und gegen Nieren- und Blasenleiden. Er gehört zu den wenigen Pflanzen, die die Produktion von Interferon beim Menschen anregen. Dieses erhöht die Abwehrkräfte gegen Viren in den Luftwegen.

„Der Wegerich heilt mit Goldfäden", sagte Pfarrer Kneipp.

Egal, was über den Wegerich geht oder fährt, das Kraut steht immer wieder auf. Es schenkt als Fürst des Weges Gelassenheit und macht die Lunge frei.

Umschläge helfen bei schlecht heilenden Wunden, Hautentzündungen und Ekzemen. Bei Insektenstichen zerreibt man den Wegerich zwischen den Fingern und legt ihn auf die Stichstelle. Beim Kauen erinnert der Geschmack an Champignons. So passt er in viele Gemüsegerichte und macht Soßen oder Suppen gehaltvoll.

Zu finden ist der Breitwegerich an allen Wegen, der Spitzwegerich meistens in Wiesen. Der Wegerich verbreitet sich dadurch, dass er an den Schuhen haftet und weitergetragen wird.

So kam der Wegerich auch nach Amerika. Dort wurde er durch die Schuhe der Einwanderer und die Hufe der Pferde über das Land verteilt. Deshalb nannten die Indianer den Wegerich „Fußstapfen des weißen Mannes".

Breitwegerich (Plantago major)

Kräuter-Heilkunde und moderne Medizin schließen sich nicht gegenseitig aus, sondern können auch gemeinsam zu besseren und schnelleren Heilerfolgen führen.

Bei ernsten und chronischen Beschwerden sollte immer die Beratung eines Arztes hinzugezogen werden.

Veilchen (Viola odorata)

Viola bedeutet im Lateinischen violett und Veilchen, odorata ist die Duftende, wie auch die Wohlriechende. Denn zu seiner Blütezeit im März und April verbreitet das Veilchen einen köstlichen Duft. Die Blüten sind nicht nur zur Parfumherstellung sehr gefragt, sondern werden auch als Tee in der Volksmedizin gegen Husten sehr geschätzt. Auch in der Homöopathie wird das Veilchen bei Erkältungskrankheiten angewendet. Neben Saponine, Kalzium, Eisen, Vitamin A und Vitamin C enthält das Veilchen das dem Aspirin verwandte Methylsalicylat. Schon Hippokrates setzte das Veilchen bei Sehstörungen, Kopfschmerzen und Melancholie ein.

Zudem haben die ätherischen Öle des Veilchens antivirale (gegen Viren) antiseptische (gegen Keime), antimikrobielle (gegen Krankheitserreger/Mikroorganismen) und antimykotische (gegen Pilze) Wirkung.

Die bekannteste Anwendung des Veilchens findet sich wohl in der Veilchen-Salbe wieder. Nach Hildegard von Bingen ist die Veilchen-Salbe nicht nur ein hervorragendes Heilmittel bei Hautgeschwüren und Kopfschmerzen, sondern kann auch präventiv für die Hautpflege eingesetzt werden. Wegen der sehr wirksamen Inhaltsstoffe und ätherischen Öle wird sie auch als Radikalfänger bezeichnet. Die Veilchen-Salbe erfüllt somit eine Schutzfunktion und hilft der Haut, ihre körpereigene Abwehrkraft zu bewahren.

Übersicht Erntezeitraum

Jan.
Feb.
März
April
Mai
Juni
Juli
Aug.
Sept.
Okt.
Nov.
Dez.
Bärlauch
Brennnessel
Gänseblümchen
Giersch
Gundelrebe, Gundermann
Holunder Blätter und Blüten
Holunderbeeren
Knoblauchrauke Wurzeln
Knoblauchrauke Blüten/Blätter
Labkraut, Kletten-, echtes
Labkraut, Wiesen-
Löwenzahn
Löwenzahnblüten
Melde
Pfefferminze
Salbei
Sauerampfer
Sauerklee
Schafgarbe
Spitz- und Breitwegerich
Veilchen Blüten
Veilchen Wurzeln

Übersicht Inhaltsstoffe

	Vitamine und Nährstoffe	Volksmedizinische Bedeutung
Bärlauch	pro 100 g Frischpflanze 150 mg C, Lauchöl, Polysaccharide, Eisen, ätherische Öle, Schleimstoffe, Chlorophyll, Mangan, Flavonoide, reichlich Kalium	blut- und organreinigend, blutdruckausgleichend, wirkt gegen Gefäßverkalkung, schleimlösend, entzündungshemmend, harntreibend, antibakteriell, regt den Stoffwechsel an, wirkt gärungs- und fäulniswidrig, senkt den Cholesterinspiegel, wirkt allgemein stärkend
Brennnessel	A, reichlich C, E, Eisen, Kalzium, Magnesium, Kieselsäure, Carotinoide, Flavonoide, Gerbstoffe, Spurenelemente, pflanzliche Hormone und wertvolle Fettsäuren	entgiftend, harntreibend, blutreinigend, blutbildend, regt den Stoffwechsel an, lindert Rheuma-, Gicht-, Gallenerkrankungen und Verdauungsbeschwerden, im Badewasser gut für Haut und Haare
Gänseblümchen	A, C, Kalium, Kalzium, Magnesium, Eisen, ätherisches Öl, Gerbstoffe, Bitterstoffe, Schleimstoffe, Inulin	regt den Stoffwechsel und die Blutbildung an, hilft bei Leberleiden, Umschläge lindern Akne und fördern die Wundheilung
Giersch	Betacarotin, reichlich C, viel Eisen (soviel enthält nur noch die Leber), Mangan, Bor, Titan, Kupfer, Kalzium, Magnesium, Flavonoide	lindert Gicht und Rheuma und wirkt entsäuernd, entgiftend, harntreibend, krampflösend, entzündungshemmend

	Vitamine und Nährstoffe	Volksmedizinische Bedeutung
Gundelrebe	reichlich C, Kalium, Bitterstoffe, Gerbstoffe, Saponine, ätherische Öle	lindert Magen-, Darm-, Blasen-, Leberleiden, ausgleichende Wirkung auf den Stoffwechsel
Holunderblüten	ätherische Öle, freie Fettsäuren, Flavonoide, Gerbstoffe, Schleimstoffe, Kalium	blutreinigend, stärken das Immunsystem, lindern Rheuma und Gicht, wirken gegen Hautunreinheiten und Körpergeruch, stärken das Immunsystem, lindern Nerven-schmerzen, wirken antioxidativ, fördern die Heilung bei Erkältung und Grippe
Holunderbeeren	viel C, B², ätherische Öle, Flavonoide, Zucker, Fruchtsäuren, Folsäure	
Knoblauchrauke	reichlich A und C, verschiedene Mineralstoffe, Senfölglykosid, Saponine, ätherische Öle, Carotin	blutreinigend, antibakteriell, keimtötend, harn-treibend, stärkt das Immunsystem, lindert Atemwegserkrankungen, Breiumschlag lindert den Juckreiz bei Insektenstichen
Labkraut	ätherische Öle, Glykoside, Gerbstoffe, Alkaloide	entgiftend, entzündungshemmend, harn-treibend, blutreinigend, lindert Nierenleiden, Geschwüre, regt den Lymphfluss an, TCM: hilft bei Leber-, Gallen-, Blasenleiden
Löwenzahn	reichlich C, A, Kalium, reichlich Magnesium, Bitterstoffe, Phytosterole, reichlich Eiweiß, Flavonoide, Eisen, Zink	harntreibend, entgiftend, blutreinigend, lindert Gallen- und Leberleiden, lindert Haut-krankheiten, verbessert das Hautbild, beugt Hautunreinheiten vor
Melde	Saponine, Stigmasterol, Campesterol, Betain, Oleanolsäure, Oxalsäure, Sitosterol, verschiedene Aminosäuren, reich an Vitamin C, Kalium, Eisen, Zink, Phosphor und Spurenelementen. Im Samen finden sich viele Mineralstoffe und Vitamin B³.	lindert Atemwegserkrankungen und Wechsel-jahresbeschwerden, entzündungshemmend
Pfefferminze	ätherische Öle, Gerbstoffe, Flavonoide	antibakteriell, beruhigend für Magen und Darm, stärkt die Psyche, steigert die Pro-duktion der Gallensäfte
Salbei	ätherische Öle, Flavonoide, östrogenartige Stoffe, Bitterstoffe	virenhemmend, pilztötend und antibakteriell, lindert Magen- und Darmschmerzen, steigert die Konzentration, günstige Wirkung auf Gehirn, Augen, Drüsen, Nerven
Sauerampfer	reichlich C, Carotin, Eisen, Gerbstoffe, Flavonoide, Oxalsäure, Eiweiß, Hyperosid	blutreinigend, harntreibend, stärkt Immun-system, regt die Verdauung an, lindert Haut-krankheiten, Krämpfe und Halsschmerzen
Sauerklee	C, Oxalsäure	lindert Hauterkrankungen, Leber-, Gallen-leiden, Stoffwechselschwäche
Schafgarbe	ätherische Öle, Gerbstoffe, Bitterstoffe, Flavonoide, Essig-, Kaffee und Apfelsäure, Schleimstoffe, Kupfer, Kalium, versch. Vitamine	entzündungshemmend, beruhigend, blut-reinigend, kräftigend, lindert Nerven-, Kopf-, Zahnschmerzen, Gelenkentzündungen, Mens-truationsbeschwerden, Gallen- und Leberleiden
Spitzwegerich u. Breitwegerich	viel C und B, Gerbstoffe, Zink, Kalium, Glykoside, Schleimstoffe, Flavonoide, Saponine, Kieselsäure	antibakteriell, blutreinigend, entzündungshem-mend, lindert Nieren-, Blasen-, Magen-, Darm-leiden, Husten und Heiserkeit, lindert als Umschlag den Juckreiz bei Insektenstichen, als Umschlag auf Blasen und Wunden schmerzlindernd und heilend
Veilchen	ätherische Öle, Farbstoff Cyamin, Saponine, Bitterstoffe, Eugenol, Flavonoide, Schleim-stoffe, Alkaloide, Methylsalicylat, Odoratin, Kalzium, Eisen	hilft bei Erkältungskrankheiten, lindert Kopf-schmerzen, schleimlösend, schmerzlindernd, ab-schwellend, antibakteriell, beruhigend, blutreini-gend, durchblutungsfördernd, krampflösend

Wildkräuter

Es gibt so viele essbare Wildkräuter, die nur darauf warten, von uns verarbeitet und gegessen zu werden. In diesem Buch wird nur ein kleiner Teil der bekanntesten Pflanzen erwähnt.

Seitdem wir uns mit diesen Schätzen beschäftigen spüren wir ganz intensiv den Reichtum der Natur.

Zu jeder Jahreszeit die richtigen Kräuter für unser Wohlbefinden, kurze Wege bis zur Verarbeitung, reichhaltige Kraftnahrung durch viele gesunde Inhaltsstoffe, die Natur bietet uns alles was wir benötigen.

Gefühle wie Freiheit und Unabhängigkeit entstehen, wenn wir in der freien Natur unterwegs sind und die Vielfalt der essbaren Wildkräuter bewundern.

Dieses Urvertrauen ins Leben möchten wir gerne weitergeben, denn dieses Gefühl hat einen wunderbaren Einfluss auf Gesundheit und Lebensqualität.

Möge Dir hundertfach Frucht bringen,
der Samen, den Du ausgebracht hast,
tausendfach jedoch der,
den Du mit anderen teilst.

(Irischer Segenswunsch)

„Die Königin der Kochrezepte

ist die Phantasie.“

„Alles Große und Edle ist einfacher Art.“

(Gottfried Keller)

Mit jeder noch so kleinen Pflanze, die sich uns offenbart,
entdecken wir die Wunder der Natur und fangen wieder an mit
offenen Augen und Sinnen in die Welt einzutauchen und eins zu
werden mit unserer Erde, eins zu werden mit uns selbst.

Wir wünschen viel Freude beim Entdecken der
faszinierenden Natur mit ihren wertvollen Wildkräutern
Dagmar Schroebler-Beck & Traudi Eberle